KB261942

GOLF 골프에서 배우는
비즈니스
성공전략
Business

지은이 ● 요아힘 스캄브락스(Joachim Skambraks)

1963년 독일 출생. 세계적인 기업 베텔스만(Bertelsmann AG)에서 출판 경영 실습을 받은 후 대학에서 경제 경영학과 극장 경영학을 전공하였다. 이후 10년간 독일의 미디어 관련 업체에서 마케팅과 세일즈 경영 책임자로 일했으며, 현재 도이치텔레콤 등 유럽의 유수한 경영자들을 대상으로 마케팅과 경영 전략을 강의하고 있다. 독일 연설가 협회인 GSA의 창립자이자 재정 담당 전문가로 참여하고 있으며, 독일의 '뛰어난 연설가(Excellent Speaker)' 100인에 선정된 바 있다. 1999년에 경영자 연수 교육 기관인 '인투 트레이닝(InTu Training)'을 창립, 독일과 오스트리아, 스위스 경영자들을 대상으로 교육을 담당하여 큰 성공을 거두고 있다. 골드만과 헤세, 바그너, 골프, 춤, 극장을 좋아하는 그는 타고난 예술적 안목을 지녔으며, 대중과의 소통에 관심이 많다. 그의 인투 트레이닝은 한국에도 소개되어 호응을 얻고 있다.

옮긴이 ● 심재만

서강대학교 대학원 독어독문과에서 독문학 박사 학위를 받았다. 현재 서강대학교에서 독어독문학 강의를 하고 있으며, 독일어에 관련된 책을 여러 권 집필, 번역했다. 대표적인 책으로 《Basis 독일어 독해》(한국문화사), 《아버지로 산다는 것》(예담)이 있다.

골프에서 배우는 비즈니스 성공전략

초판 1쇄 인쇄 ∣ 2008년 2월 20일
초판 1쇄 발행 ∣ 2008년 2월 25일

지은이 ∣ Joachim Skambraks
옮긴이 ∣ 심재만
펴낸이 ∣ 양동현

펴낸곳 ∣ 도서출판 아카데미북
출판등록 ∣ 제13-493호
주소 ∣ 서울특별시 성북구 동소문동4가 124-2번지
대표전화 ∣ 02) 927-2345   팩시밀리 ∣ 02) 927-3199
이메일 ∣ academy@academy-book.co.kr

ISBN 978-89-5681-081-2 / 13690

18-Loch Stragetie
by Joachim Skambraks
ⓒ 2003 GABAL Verlag GmbH, Offenbach
This original edition was published in German by Gabal Verlag GmbH
Korean translation copyright ⓒ Academy Book Publishing Company
This Korean edition was arranged with Gabal Verlag GmbH, Germany
through Best Literary & Rights Agency, Korea
All rights reserved.

www.academy-book.co.kr

GOLF 골프에서 배우는 비즈니스 성공전략 Business

아카데미북

차 례

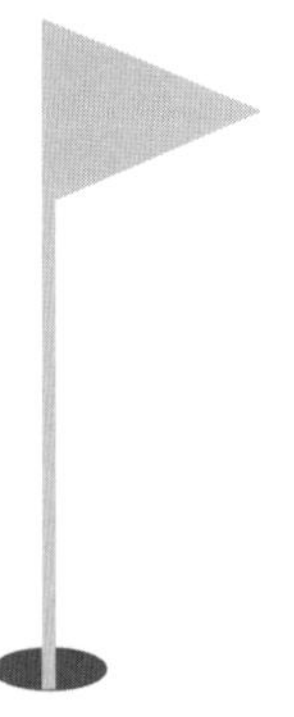

서문
이너 골프, 이너 비즈니스
– 성공의 길

"사무실에서 팀원들과 함께 일하며 지낸 19년보다 골프 경기 18홀이 당신의 팀원에 대해 더 많은 것을 알려줄 것이다."

볼프강 뢸러Wolfgang Röller, 드레스드너 은행 이사회 의장

성공한 사람들의 스포츠

독일에서는 골프 게임에서 수시로 좌절감을 맛보고 굴욕감을 느끼면서 귀가하는 사람이 43만 명이 넘는다. 그럼에도 불구하고 그들의 골프에 대한 확신과 애착, 희망은 번번이 다시 살아나곤 한다.

희생할 용의

매니저, 경영자와 기업가들이 골프에서처럼 직접적인 피드백을 받는 경우는 매우 드물다. 이는 여성 매니저나 기업가들도 예외가 아니다. 직원들은 사업상 받을 타격에 대해 사장과 대화할 엄두를 거의 내지 못한다. 일반적으로 높은 임금을 받는 매니저들은 회사에서 커피를 타거나, 문서를 복사하거나, 문서를 작성하는 등의 단순 노동에 익숙하지 않다. 그런데 골프장

에서는 바로 그 매니저가 골프공을 찾기 위해 작은 나무와 덤불 사이로 기어다니는 것을 흔히 보게 된다.

여기에서 주목해야 할 것은, 인간은 본질적으로 직장 생활에서 보다 스포츠나 취미에서 더 많은 것을 희생할 각오를 하는 것처럼 보인다는 것이다. 과연 어떤 판매원이 골프 경기에서와 같은 지구력을 가지고 있겠는가? 어떤 매니저가 골프 경기처럼 인내심을 가지고 직원들을 다루겠는가? 단 한 번만이라도 직원들 앞에 자존심을 버릴 임원이 과연 어디 있겠는가?

나를 포함한 대부분의 골퍼들은 모든 공을 원하는 목표로 보내기 위해 우아한 자세로 경쾌하고 정확하게 샷을 하기를 바랄 것이다. 그리고 그러한 샷을 본 모든 사람들은 경탄해 마지않는다. 참으로 멋진 꿈이 아닌가? 그런데 현실은 아무래도 다른 것 같다.

경기 중에 몇 번의 굿 샷(good shot)을 하지 않았다면 그렇게 가슴 아파하지는 않을 텐데. 그러나 이 몇 번의 굿 샷은 내 몸속 어딘가에 더 훌륭한 샷을 할 능력이 있다는 확신을 준다. 골프에서는 실수가 용납되지 않는다. 다른 스포츠에서는 두 번째 기회가 있지만 골프에서는 항상 한 번의 기회밖에 없다. 자신을 상대로 경기를 해야 하는 것이다.

골프는 자기 자신과의 싸움이다

많은 골퍼들이 경기에서 실수한 책임을 날씨나 라운드 상태, 클럽, 공, 다른 골퍼, 자신의 가족 또는 잘 풀리지 않는 사업으로 돌림으로써 압박감과 욕구 불만을 떨쳐 버리려고 한다. 하지만 골프에서는 단 한 번의 실수도 용납되지 않는다. 오늘날의 골퍼들은, 독특하고 개성 있는 골프 스쿨, 재능 있는 티칭 프로, 훈련 보조원, 전문적인 기술 서적과 잡지, 그리고 최신형 골프 클럽, 비거리 성능이 뛰어난 공 등을 마음대로 활용할 수 있다. 하지만 미국골프협회(PGA)의 연구에 따르면, 이렇게 좋은 조건에도 불구하고 미국의 골퍼들의 핸디는 거의 정체되어 있다. 머릿속으로 알고 있는 기술과 경기를 통해서 익히는 기술 사이의 큰 격차는 비단 미국의 문제만은 아닐 것이다.

왜 골프가 가장 어려운 스포츠인가?

아주 짧은 실제 경기 시간

운동 경기 중에서 구기 종목의 난이도는 선수가 실제로 공을 사용하는 시간이 전체 경기 시간의 몇 퍼센트냐에 따라 계산된다. 예를 들면 테니스에서 선수가 직접 공을 치는 시간은 약 25%라고 한다. 평균적으로 골프 경기에서 샷을 한 번 하는 데 약 2초가 걸린다고 하면, 100타 정도를 치는 데 걸리는 시간은 200초, 다시 말해서 4분이 되지 않는다. 우리가 18홀을 도는 시간이 약 4시간이라고 하면, 공을 치는 비율은 겨우 1%에 지나지 않는다.

심적으로 거부하는 원인은?

성공에 대한 두려움

골프 게임을 할 때 우리는 두려움을 거부해야 한다. 비즈니스에서도 우리는 고객이 거절할까 봐, 완벽하지 않은 프레젠테이선에 대해, 해소되지 않은 작업장 내의 갈등, 그리고 일자리를 잃을까 봐 두려워한다. 이 모든 상황을 한 구절로 요약하면 '성공에 대한 두려움'이다.

마음속에 확신이 생기면 긴장이 완화되고 침착해진다는 것을 성공 사례를 통해 알 수 있다. 그렇지만 긴장 상태에서는 경련이 일어날까 봐 두려워서 더욱 긴장하게 된다. 미지의 상황에 직면하면 우리는 마음속으로 의심을 하게 된다. 그리고 그 의심의 불꽃은 활활 타오르게 되고, 의심의 불꽃 속에서는 본능적으로 자신을 방어하려고 한다. 골프를 할 때 우리의 근육은 긴장하고 지각(知覺)도 제한된다. 다시 말하면, 원하는 목적지에 도달할 수 있을까 하고 계속 의심하면 근육은 긴장할 뿐만 아니라 경련까지 일으킨다. 경련이 일어나면, 우리는 비즈니스에서나 스포츠에서나 가능성에서 멀어진다.

앞에서 설명했듯이, 골프와 비즈니스는 닮은 점이 매우 많다. 그래서 골프는 매니저나 판매자가 비즈니스에서 효과적으로 적용할 수 있는 경영 수단에 가깝게 접근할 수 있는 탁월한 매체다.

골프와 비즈니스는
닮아 있다

골프는 연금 수령자의 스포츠인가

"빈둥거리면서 하는 산책은 스포츠가 아니다." 당신은 이 말에 동의하는가? 뮌헨 공과대학에서 예방과 재활 스포츠의학을 담당하고 있는 디터 예쉬케(Dieter Jeschke) 교수는, 4시간 라운딩하면 평균 1,400~1,900kcal 정도가 소모된다는 것을 밝혀냈다. 이것은 1주일에 3회(1회에 1시간씩) 조깅했을 때 연소되는 에너지와 맞먹는다. 선수들을 대상으로 라운딩하는 동안 실험한 잉여 맥박 수는 평균적으로 몸무게의 1/3 이상이었다. 이것은 심장과 혈액 순환에 무리를 주지 않고도 충분히 운동이 가능하다는 것을 의미한다.

이 훈련에서는 지방 대사를 활성화하기 위해 힘이 집중된다. 라운딩이 끝난 뒤에 감소된 체중에는 땀으로 배출된 수분뿐만 아니라 분해된 지방과 탄수화물도 포함된다. 당신은 1주일에 3회, 1시간 동안 조깅을 하겠는가, 아니면 라운딩을 한 번 하겠는가?

골프를 통해 아름다운 체험을 많이 하게 된다.

이너(inner) 골프의 목표는 잠재 능력과 실재 능력의 큰 차이를 없애는 것이다. 경기에서 더 많은 기쁨을 누리기 위해서라도 지속적이며 더 높은 수준에 도달되도록 준비할 필요가 있다. 긴장이 완화된 상태에서의 정신 집중은 비단 골프뿐만 아니라 모든 영역에서 최고의 성적을 낼 수 있는 열쇠다.

이너 비즈니스는 실제 비즈니스에서 경험할 수 있는 유사한 사례들을 보여 준다. 많은 성공 요인들은 우리 내부에 잠재하고 있으며, 잠재의식을 통해 조정된다. 그렇기 때문에 이너 비즈니스는 내적인 성공 요인을 어떻게 강하게 만들고, 어떻게 밖으로 드러낼 수 있는가를 보여 준다.

이너 골프는 언제나 무의식 상태에서 이루어지는 것이므로 당신이 하지 않으려고 해도 이루어진다. 이 책은 당신이 경기에서 더 많이 성공할 수 있도록 18홀 전략을 설명할 것이다.
이 책을 통해 다음과 같은 것을 알게 된다.

- 성공 기술을 어떻게 경험하고 습득하는가?
- 성공 기술을 어떻게 골프와 비즈니스로 전환하는가?
- 골프 실력을 기술적으로 개선하기 위해 이 학습 과정을 어떻게 활용하는가?

이 책은 당신이 본능적으로 올바른 판단을 할 수 있도록 18홀 전략의 내용과 기술을 훈련과 연습을 통해 완전히 내면적으로 습득할 수 있도록 도와준다. 이것은 InTu 훈련(직관 훈련)이라 한다. 이 책에는 연습과 관련된 제안이 많이 있으므로 꼭 시험해 보기를 바란다. 자신에게 가장 효과적인 연습법을 스스로 찾아내서

이너 골프의 목표

이너 비즈니스의 목표

이 책의 목표

그 쾌감을 맛보기 바란다. 몇 가지 방법을 결정했다면, 최고의 효과를 발휘할 수 있도록 연습한다. 변화하려면 시간이 필요하다.

"수백 년 동안 당신을 절망시켰고 불쾌하게 했던 골프는 당신을 자기 경험의 새로운 차원으로 이끌어 갈 것이다."

오이겐 플레취 Eugen Pletsch, 《흰 공의 길》 저자

1. 자연스럽게 배우기 – 티칭 프로가 있는 경우와 없는 경우

"배움은 흐름을 거슬러서 노를 젓는 것과 같다. 노 젓기를 중단하자마자 뒤로 떠내려간다."

벤자민 브리튼Benjamin Britten, 영국의 작곡가

이번 홀에서 배워야 할 것

- 기술적으로 배우는 것과 자연적으로 배우는 것의 차이는 무엇인가?
- 배움의 방법 5가지는 무엇인가?
- 바른 스윙과 비즈니스에서 필요한 새로운 방법을 어떻게 자연스럽게 배우는가?

아이가 걷는 방법을 배우기 전에 말을 능숙하게 잘한다면 어떤 일이 벌어질까? 아마도 부모는 발을 어떻게 놓으면 좋을지, 어떻게 균형을 잡으면 좋을지 반복해서 설명하려 들 것이다. 그리고 넘어진 아이는 실수를 지적당하고 꾸지람을 들을지도 모른다. 그러다가 결국 자신의 이미지를 부정적으로 갖게 되고,

설명은 오히려 방해가 된다

성인이 되어서도 자신의 발에 분노를 느끼게 될 것이다.

우리는 골프 경기, 협상 그리고 행동을 목적으로 하는 기술을 모두 똑같이 다루지는 않는다. 골프 기술을 배우지 않고도 대부분의 골프 기술(대화 기술 또는 유사한 것)을 경험으로 배울 수 있다. 그러기 위해서 지난 과거가 아닌, 지금 하는 현재의 일에 주의를 기울여야만 한다.

경험은 가장 중요한 스승

**중요한 것은
내면의 변화**

경험을 통해 습득한 것들을 다시 배워야 하는데, 이때 외적인 변화보다 내면의 변화가 중요하다. 내면의 변화가 외적인 변화를 반응하게 하기 때문이다. 다음에 제안된 연습을 하기 전에 다음 질문을 잠깐 생각해 본다.

- 아이는 어떻게 배우는가?
- 성인은 어떻게 배우는가?

> **연습 : 기술 습득**
>
> 자전거를 탈 때 균형을 유지하는 방법을 종이에 정확히 적어 보라. 한 번도 자전거를 타 본 적이 없는 사람이 그것을 보고 아무 문제 없이 자전거를 효과적으로 탈 수 있는 과정을 기록하기 바란다.

당신은 이 실험에서 어떤 결과를 얻었는가? 너무 복잡해서 전혀 시도하지 않았는가? 사실 나는 그랬기를 바랐다. 이런 복잡한 과정을 글로 설명하는 일은 매우 어렵다. 물론 대부분의 골프 책과 티칭 프로(학교 선생님, 경영 트레이너들)는 복잡한 과정이 기술된 그대로 운영된다는 것을 믿게 하려고 한다. 하지만 인간에게는 복잡한 행동과 어려운 상황을 학습하는 또 다른 능력이 있다.

(앞에서 제시한 연습을 시도했다면, 당신은 정말로 무언가를 배우려고 애쓰고 있고, 변화에 관심이 많다는 의미다. 그리고 기술적으로 서술한 글에서는 배울 수 없다는 것을 이번 경험을 통해 알았을 것이다.)

그러면 이런 기술적 지침의 결과는 무엇인가? 배우는 사람은 많은 개별적인 문제들로부터 혼란을 겪게 되고, 더 불확실하게 되며, 결국 자신도 의심하게 된다. 말로 설명된 지시 사항을 각각 하나하나의 근육 운동으로 전환할 수 없다는 데 지도의 어려움이 있다. 몸은 말로 통제될 수 있는 것이 아니라, 본보기로만 통제될 수 있기 때문이다.

판매 상담이나 프레젠테이션에 대해 많은 기술적인 도움과 충고를 이미 많이 들어 보았을 것이다. 도움이 되는 기술 또한 많지만 인간은 저마다 특성이 다른 만큼 자신에게 맞는 길을 찾아내야 한다. 그러므로 비즈니스 환경에서도 연습과 경험을 통해 일어나는 행동 변화에 큰 가치를 부여하는 그러한 훈련 방법을 선호해야 한다.

기술적으로 배우는 것과 내면으로 배우는 것

스윙을 할 때 기술적인 지침에 따라 아주 조금만 바꿔 보려고 해도 전체 스윙을 망칠 수 있다. 반면에 내면으로부터 배우면, 배우는 사람이 기술적으로 어느 부분에 문제가 있는지 전혀 몰라도 기술이 크게 개선될 수 있다.

학습 과정에서 기술적 지식의 과제는 무엇인가? 외부로부터 배우는 것과 내면으로부터 배우는 것의 차이점을 분명히 구별해야만 한다. 스윙을 할 때 중요한 것이 무엇인지 티칭 프로에게 질문해 보라. 그는 틀림없이 50개 정도의 지침을 가지고 있을 것이다. 하지만 실력이 부족한 골퍼들이 어떻게 그렇게 많은 가르침을 기억하고 따르겠는가? 그들은 아마도 상당히 당황할 것이다. 그에 비해 내면으로부터 배우는 사람들은 스윙 감각이나 개별적 이미지를 훨씬 더 실감나게 체험할 수 있을 것이다.

그러면 새로운 기술이나 스포츠 종류 또는 행동 방식을 어떻게 하면 가장 쉽게 배울 수 있는가?

효과적인 학습의 길

기술이 전부는 아니다　대부분의 사람들은 항상 성과를 높이기 위해서 판매 기술, 프레젠테이션 기술, 대화 기술 또는 스윙 기술 등을 배우고자 한다. 새로운 행동을 습득하는 데 단지 기술만을 마스터하는 것으로는 충분하지 않다. 긴장이 완화된 상태에서 효과를 거두기 위해서는 전체의 능력이 조화를 이루어야 한다. 의식·잠재의식·신체 제어·섬세한 신체 운동·정신 집중·긴장 완화·생각과 경험 등은 평생 학습 과정에서 늘 따라다니는, 실마리가 되는 몇몇의 키워드이다.

다음에서 설명하는 5가지의 학습 방법(골프에서뿐만 아니라)을 구별할 수 있을 것이다.

1. 스스로 터득하려는 시도

새로운 기술을 배워야 할 때 주로 독학하는 사람을 볼 수 있다. 독학으로 배우기
그는 자기의 지식과 능력에 의지할 뿐만 아니라 자신의 생각을 바탕으로 새로운 기술을 자기 것으로 만들려고 한다. 자주성에는 대단한 열정이 필요하지만 독학의 결과는 좋은 것과 나쁜 것이 동시에 나타난다. 배우는 사람이 그 행위를 올바로 했다면 기분이 좋을 것이고, 그의 새로운 깨달음을 신뢰하며, 높은 기대감에 차서 다음 연습을 하려고 할 것이다. 우선 이 과정은 성공했다고 하자. 하지만 골프를 예로 들면, 적어도 세 타를 친 뒤에는 큰 실망이 들 것이다. 그리고 나서는 "지금 내가 무엇을 잘못했을까?"라는 의문을 갖게 되고, 다시 두 배로 노력할 것이다. 나중에는 옳고 그름의 방식에 사로잡힌다. 그러면서 변화된 과정을 음미해 볼 것이다. 이제 겨우 잘되고 있는 진짜 골프의 비결이 사라져 버리면서 자신에 대한 신뢰가 불투명해진다. 잘못된 샷에 대해서도 가치 있게 평가하려 하지만 이미 좌절감은 커져만 간다. 놀랍게도 몇 명의 골퍼들은 평생 이런 방식의 습득에서 벗어나지 못한다. 그는 자신의 실망을 무마하기 위해 "나는 모든 것을 독학해서 더 이상 선생님은 필요 없다."

고 말한다.

2. 기술이 뛰어난 티칭 프로에게 배우기

기술적으로 배우기 어떤 일을 혼자서 할 수 없다면 그것을 하게 할 수 있는 누군가가 필요하기 때문에 선생님이나 트레이너라는 직업이 생겨났다. 행동을 기술로 이해하는 것을 근간으로 하는 기술 지식이 이런 직업군을 통해 전수된다. 그런데 고도의 판매 기술이나 프레젠테이션 기술도 배울 수 있을까? 또는 학습 당시의 개인적인 수준과 무의식적인 신체 언어는 중요하지 않은 것인가? 완벽한 기술처럼 보이지만 문제될 수 있는 조짐들이 모든 종목에 존재한다. 골프 스윙을 실제로 다른 사람에게 전수할 수 있을 만큼 기술적으로 완성할 수 있는가? 스윙에 대한 기술적 개념을 책과 비디오로 습득할 수는 있을 것이다. 다행히도 오늘날에는 티칭 프로를 양성할 때 기술을 교육적으로 잘 전수하는데 중점을 두고 있다. 그런데 대부분의 골프 기술은 지침을 잘 따른다고 해서 바로 습득할 수 있는 것이 아니다.

다음 3가지 지침을 보면 배우는 입장에서는 당황할 것이다. 그럼에도 불구하고 우리의 학습 체제는 이런 방법으로도 배울 수 있도록 구성되어 있다.

3. 티칭 프로의 도움을 받지 않고 배우기

도움을 받지 않고 자연스럽게 배우기 거의 모든 사람은 자연스럽게 배우기를 통해 하나의 기술을 통달할 수 있다. 자연스럽게 배우기란 평가를 하지 않고 관찰하는 능력, 조심스럽게 그리고 정신을 집중해서 보는 능력, 좋고 나쁨을 구별하지 않는 능력, 정정하려고 하지 않는 능력들이다. 이 방법은 평가 분석이 필요한 것이 아니라 배우기 위해 신체 능력에 대한 신뢰를 요구한다. 확실히 골프는 기술적인 습득이 가장 어려운 스포츠 가운데 하나다. 하지만 골프는 자전거 타기와 비슷하다. 기술적 지시에 따라 자전거 타는 법을 배우는 게 아니라, 일반적인 관찰, 주의, 중요한 것을 인식하는 정신 집중으로 배우는 것이다. 지속적으로 개선하다 보면 저절로 자전거를 탈 수 있게 된다. 오랫동안 주시한 결과 하나의 관점을 겨우 찾아냈다면, 자연스럽게 배우는 과정은 이미 진행된 것이다.

이 책은 이런 것들과 관련한 많은 연습 방법을 설명한다. 결과적으로 올바른 샷과 행동 방법을 알게 되고, 올바르지 못한 샷과 행동 방법도 알게 된다. 새로운 능력이 발전하고 있음을 점차 신뢰하게 될 것이다.

4. 티칭 프로의 도움을 받아 자연스럽게 배우기

우리는 배우는 사람으로서 자신도 모르게 잘못된 행동을 하는 경험의 세계에 살고 있다. 자연스럽게 배우기를 통해 큰 성과를 내고자 할 때, 서로 다른 눈을 통한 피드백 효과는 깜짝 놀랄 만큼 뛰어나다. 티칭 프로는 우리가 가지고 있는 편견을 바꾸어 줄 것이다(4홀 참조). 우리는 많은 실수에 익숙해지게 되면 더 이상 실수를 알아차리지 못할 뿐만 아니라 실수를 무시하게 된다. 티칭 프로는 자연스럽게 배우기의 원리를 알아야 하고 올바른 질문을 할 수 있어야 한다. 기술적인 면을 이해하지 못한다 해도 티칭 방법을 신뢰하기만 하면 된다. 티칭 프로의 첫 번째 과제는 관찰하는 것이다. 전체 스윙에 적합하지 않는 작은 세부 사항을 주목하고 그 작은 세부 사항이 무엇이든 간에 그 세부 사항을 말해야 한다. 배우는 사람의 과제는 이 세부 사항을 티칭 프로의 도움으로 변화를 관찰하면 된다. 움직임이 어떻게 나타나는가? 이 움직임이 더 크게, 더 작게, 더 강하게 혹은 더 약하게 되는가? 신뢰의 또 다른 단계가 이어진다. 자연스럽게 배우기 과정이 나타날 것이다. 티칭 프로는 이 방법으로 정정하지 않은 우리의 잘못을 지적한다. 티칭 프로가 관찰만 하고 평가하지 않기 때문에 스윙에 대한 감각이 좋아지고, 자연스럽게 배우기 과정을 시작할 수 있는 것이다. 나의 내면으로 배우는 골프 세미나에서 기술에 대한 모든 것을 전수해 준 다음, 30분 정도 연습한 뒤 참가자들이 자신의 스윙을 어떻게 고치는지 관찰할 수 있었다.

5. 기술이 뛰어난 티칭 프로의 도움을 받아 자연스럽게 배우기

기술적 지원으로 자연스럽게 배우기

배우는 사람은 자신의 학습 능력에 대한 믿음을 가질 수 있고, 또한 티칭 프로의 기술적 경험을 통해 많은 것을 얻을 것이다. 뛰어난 티칭 프로는 관찰을 통해 얻은 피드백을 배우는 사람에게 전수해 주고, 배우는 사람이 어떤 방향으로 변화하기를 바라는지 언급할 수 있다. 다시 말해 어떤 변화가 필요한지 강조하면서도 배우는 사람이 경험할 수 있는 모든 가능성을 열어 준다. 티칭 프로는 배우는 사람에게 이런 방법의 학습이 더 빠르고, 장시간 큰 영향을 미치며, 설득력이 있다고 자신의 경험을 조언할 수 있다. 배우는 사람은 자신의 학습 능력에 대한 신뢰를 가질 수 있고 동시에 자기 티칭 프로의 경험 세계로부터 많은 것을 배울 수 있다.

학습 과정 알기

생활권에서 보다 나은 삶을 누리기를 원하는 자는, 원하는 만큼 개선되기 전에 먼저 조금 나빠질 것이다. 왜냐하면 불확실한 미개척 분야에 발을 들여놓기 때문이다. 이제까지 사용한 기술보다는 새로운 기술에서 무의식적으로 더 많은 실수가 나타난다. 게다가 배우면서 자신의 능력을 보다 명백히 깨닫고, 부족한 점도 깨닫게 된다. 이러한 깨달음과 주의가 자연스럽게 배우기 과정에 도움이 된다.

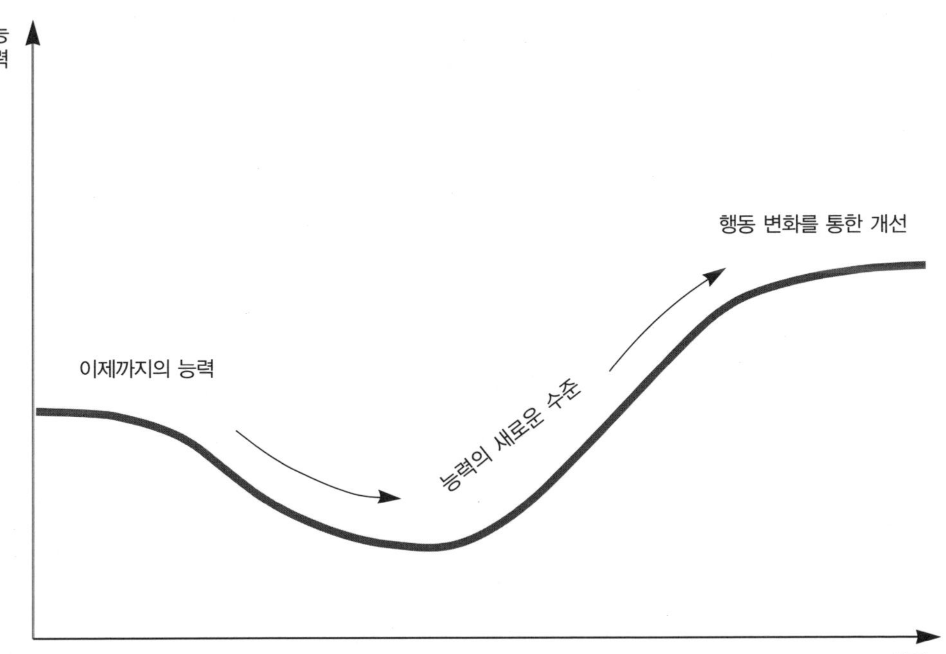

보다 더 나아지고자 하는 사람은 우선 골짜기를 통과해 가야만 한다.

체크 리스트

어떤 다양한 학습을 경험했는가?

- 독학하기 – 나의 기술을 스스로 획득한다.
- 티칭 프로에게 기술적으로 배우기 – 혼란을 겪지만 배운다.
- 자연스럽게 배우기 – 기술적인 지도를 받지 않고 스스로 배운다.
- 티칭 프로의 도움을 받아 자연스럽게 배우기 – 기술적 지시 없이 행동을 변화시킨다.
- 티칭 프로의 기술적 지원을 받으면서 자연스럽게 배우기 – 정신 집중이 된 지각과 주의를 깨닫는다.

앞으로 어떻게 배우고 싶은가?

- 독학하기 – 나의 기술을 스스로 획득한다.
- 티칭 프로에게 기술적으로 배우기 – 혼란을 겪지만 배운다.
- 자연스럽게 배우기 – 기술적 지도 없이 스스로 배운다.
- 티칭 프로의 도움을 받아 자연스럽게 배우기 – 기술적 지시 없이 행동을 변화시킨다.
- 티칭 프로의 기술적 지원을 받으면서 자연스럽게 배우기 – 정신 집중이 된 지각과 주의를 깨닫는다.

2. 신체와 뇌 – 통일체

"하나밖에 없는 아이디어를 포착하라. 뇌, 근육, 신경 그리고 신체의 모든 부분을 이 아이디어로 가득 채워라. 그리고 다른 어떤 것에도 관심 갖지 마라. 그러면 성공한다."

— 스와미 비베카난다 Swami Vivekananda, 힌두교 승려

이번 홀에서 배워야 할 것

- 생각이 움직임에 어떤 영향을 미치는가?
- 뇌를 어떻게 프로그램화 하는가?
- 기억을 어떻게 더 나아지게 할 수 있는가? 창의력을 어떻게 촉진할 수 있는가?

당신은 다음과 같은 경험이 있는가?

어떤 골퍼가 비교적 큰 워터 해저드 앞에서 공을 치려고 한다. 그는 타깃을 향해 조준하고 팔을 높이 쳐들어 샷을 하고는 "이런 일이 나에게 틀림없이 다시 일어날 줄 알았어."라고 소리친다. 무슨 일이 일어났는가? 골퍼는 십중팔구 '물속으로만 빠지게 하지 말자.' 라고 생각했을 것이다. 그런데 그는 물속으로 샷을 한다!

몸은 뇌를 따른다　이 예문에서 우리는 무엇을 배울 수 있을까? 뇌는 몸에게 말을 하고, 몸은 그것을 행동으로 옮기려 한다. 뇌는 매우 복잡한 구조로 되어 있으며, 뇌의 작용은 지금까지 아주 조금만 연구되었을 뿐이다. 하지만 연구 결과 가운데 몇 가지는 우리가 활용할 수 있다.

> **연습 : 생각의 실험**
>
> 당신에게 작은 생각의 과제를 제시하겠다.
>
> '지금 부드러운 잔디 위에 있는 붉은 공을 떠올리지 마라.'

이 과제를 제대로 풀었는가? 아니면 아름다운 붉은 공을 떠올렸는가? 뇌는 부인(否認)할 줄 모른다. '아니오' 또는 '~아니다'라는 모든 표현, 목표나 생각은 머릿속에 바람직하지 않은 이미지로 바로 떠오른다. 그래서 "나는 지금 거절하고 싶지 않다. 나는 실패를 바라지 않는다."와 같은 부정적인 목표나 의도는 제 역할을 다하지 못한다.

> **연습 : 자기 관찰**
>
> 직장이나 골프장에서 자기 자신을 관찰해 보자.
>
> ■ 머릿속에 어떤 생각이 번쩍 떠올랐는가?
>
> ■ 샷을 하기 전에(협상을 하기 전에) 무엇을 생각하는가?
>
> ■ 샷을 하는 동안에(대화를 하는 동안에) 무엇을 생각하는가?
>
> ■ 샷을 한 후에(상황이 끝난 후에) 무엇을 생각하는가?

> 생각을 항목별로 메모하시오. 당신의 생각이 샷(비즈니스)에 어떤 영향을 미치는가? 언제 샷이 좋고 언제 나빴는가? 공이 어디로 날아가는지 언제나 확인하는가? 아니면 공이 어디로 날아가는지 바로 알았는가?

이 연습은 비즈니스에서도 많은 상황에 적용할 수 있다. 어떤 일이 분명히 일어나지 않는다거나 고객이 재수없는 날이라는 것 등의 모든 상황들을 미리 알고 있다는 조건 하에 적용할 수 있다. 사전에 어떤 생각을 했는가? 다가오는 도전에 어떻게 적응했는가?

타깃을 상상하여 영상화하면 조금만 연습해도 공을 타깃으로 보낼 수 있다. 따라서 이 방법은 스윙하는 동안 당신의 타깃을 계속 머릿속에 그리는 것이다. 바로 '세 번째 눈' 이다.

타깃을 상상하여 영상화하기

> **연습 : 세 번째 눈**
>
> 마음속에 있는 세 번째 눈을 훈련시켜라. 오른손잡이인 당신은 왼쪽 관자놀이에(왼손잡이는 오른쪽 관자놀이에) 세 번째 눈이 있다고 상상한다. 시선이 공에 있어도, 세 번째 눈은 작은 카메라처럼 계속 타깃을 관찰한다. 몇 번의 연습으로, 타깃을 전혀 바라보지 않아도 타깃을 지속적으로 상상할 수 있다.

이 상상의 이미지화로 근육 조직과 스윙은 뇌를 통해서 타깃과

마음의 카메라를 가지고 있는 것처럼 골퍼는 자신의 타깃을 본다.

일체된다. 이 프로그램화를 통해 효과적인 샷이 될 개연성이 더욱 높아진다.

생각은 행동과 움직임을 조정하고 그 행동과 움직임에 영향을 미친다. 따라서 더욱 효과적인 결과를 위해서 뇌를 이용해야 할 것이다.

기억을 어떻게 개선하는가

단기간 기억이 얼마나 좋은지 간단히 테스트해 보자.

연습 : 개념 기억하기

아래의 18개의 개념을 3분 안에 기억한다.

나무	백조
피라미드	서류 가방
손	주사위
나뭇가지	제트코스터
골프 클럽	지폐
축구	교회 탑
마술사	야자수 해변
테니스 라켓	소형 모터사이클
카드놀이	자동차

좌파 정당과 우파 정당의 역사

어떤 나라에서 방금 선거가 끝났고, 선거를 치른 두 정당이 정확히 동일한 표를 얻었다고 상상해 보자. 좌파 정당은 이 상황을 분석하고 연구하기를 좋아한다. 결정을 천천히 내릴 뿐이다. 논리적 방법이 더 중요하기 때문에 모든 사람들이 기준으로 삼아야 하는 일정한 규정은 모두에게 적용되어야 한다. 이 실험이 결코 바람직하지는 않다. 좌파는 불확실한 상황을 싫어하고 모든 것을 감독하기를 좋아한다. 상당히 원칙을 중시하는 정당이다.

다른 한편에는 많이 웃고, 노래 부르고, 춤추는 우파 정당이 있다. 우파 정당의 당원들 중에 그림에 재능이 있는 사람들도 많다. 우파 정당은 자발적으로 그리고 직관적으로 행동하고 비유적으로 생각한다. 우파는 유추(類推)와 사고(思考)를 내세우는 것을 좋아한다. 위험과 실험은 인기 있는 기분풀이다. 그러나 이 경우 항상 개관을 유지한다.

두 정당에는 각각의 장단점이 있고, 의회에서는 동일한 득표 수를 얻은 두 정당 중 어느 당도 혼자 통치할 수 없으므로 해결 방안을 모색해야만 한다.

두 정당의 수뇌부 위원회에는 똑똑하고 선견지명이 있는 사람들이 있다. 이들을 실무 그룹을 구성하여 국사를 이끌어가야만 했다. 실무 그룹에는 합의적으로 해결해야만 하는 일정한 과제가 있다. 시간이 지남에 따라 서로 다른 이 정당 사이에 모범이라고 할 수 있는 의사소통 문화가 생긴다. 모든 사람들이 책임을 떠맡았고, 이 나라를 공동으로 통치하는 것을 자랑스럽게 생각하고 있다.

위의 내용은 실재하던 한 국가의 정당 역사에 대한 설명이다. 그런데 당신이 국가이고, 뇌가 의회라고 가정하자. 당신이 최대한 사고력을 활용한다면, 사고력은 의회와 국가처럼 서로 협력하게 된다. 처음 학교에 입학하여 학습을 시작하게 되면, 오른쪽과 왼쪽 두 부분의 뇌가 협력해서 움직이기 때문에 뇌의 무게는 계속 줄어들고, 일률적이고 디지털적인 사고가 점점 육성된다. 성인이 되었다면, 양쪽 뇌가 처음처럼 다시 협력하는 능력을 훈련시켜야 한다.

뇌를 연구한 사람들은 오른쪽 뇌와 왼쪽 뇌가 있다는 것을 밝혀냈다. 그런데 각각의 뇌는 일정한 기능을 담당하고 있다. 두 개의 뇌 기능은 일반적인 재능이 있는 오른손잡이에서 다음과 같이 나타난다.

왼쪽 뇌 부분	오른쪽 뇌 부분	뇌 부분의 기능
디지털식	아날로그식	
세목과 분석	개관과 종합	
계산	전체적인 문제의식	
읽기	보디랭귀지	
쓰기	창의력	
이성과 논리	직관과 감각	
규정과 법칙	계획	
학문	예술 · 음악 · 춤	
일률적	비일률적	
시간	공간	

연습 : 단기 기억 연습

자기 자신을 테스트해 본다. 다음에 있는 18개의 개념 가운데 얼마나 많은 개념을 기억해 두었는가? 여기에 써 보라!

....

....

....

여러분은 이 개념들을 쉽게 기억하기 위해 어떻게 하면 좋은지
를 알아차렸을 것이다.

기억의 기술 –　진행, 개념 또는 구매 일람표를 효과적으로 기억하려면 2개로
보조 기억 수단인　구성된 뇌의 능력을 이용해야만 한다. 당신은 앞에서 그림으로
그림　상상할 수 있는 18개의 개념을 받았다. 1~18의 숫자가 그 개념
을 대표하며 지금 18개의 개념을 사용한다. 다시 말하면 여성
경영 관리 트레이너인 베라 비르켄빌(Vera F. Birkenbihl)이 명명
하듯이, 작은 뇌에 부합되는 보조 기억 수단을 구축한다.

연습 : 뇌에 부합되는 그림 찾기

내적 모순이 없는 그림을 찾는다. 지금 18개의 개념을 차례로 기
록한다. 그리고 해당하는 숫자로 개념을 기억한다. – 이것은 아주
쉽다!

숫자	그림	그림(예)에 대한 유추
1	나무	나무 줄기는 1과 흡사하다.
2	백조	백조의 그림자는 2처럼 보인다.
3	피라미드	피라미드는 3개의 면이 있고 3각형이다.
4	서류가방	가방은 4개의 각이 있다.
5	손	손은 5개의 손가락이 있다.
6	주사위	주사위는 한 면에 6개의 점이 있다.
7	난쟁이	백설공주와 일곱(7) 난쟁이들
8	제트코스터	명칭이 8을 언급하고 있듯이 8자처럼 보이는 굴곡

9	골프 클럽	자세히 살펴보면 골프 클럽은 9자처럼 보인다.
10	지폐	10유로짜리 지폐를 보자.
11	축구	축구는 팀당 11명이 경기를 한다.
12	교회 탑	교회 탑시계가 12시를 가리킨다.
13	마술사	마법의 수 13은 마술사에게 어울린다.
14	야자수 해변	야자수 아래의 멋진 해변에서 14일간의 휴가를 생각
15	테니스 라켓	서브와 득점. 득점은 15대 0이다.
16	소형 모터사이클	16세부터 소형 모터사이클을 타도 된다.
17	카드놀이	당신은 이미 한번 17카드와 4카드를 냈는가?
18	자동차	18세부터 자동차를 운전해도 된다.

해당되는 숫자로 모든 개념을 상상할 수 있는가? 이 개념을 올바른 순서로 사용하는 것은 조금만 연습하면 아주 쉽다.

이 기술을 실전에서 어떻게 적용할 수 있는가? 예를 들면 올바른 순서로 프레젠테이션의 중심 개념을 그림 단어에 첨가할 수 있다. 이때는 항상 개념 쌍 또는 짧은 이야기를 상상한다. 그러면 메모지 없이도 매매 상담을 할 수 있다. 판매 상담을 하는 동안 당신은 그림과 이야기로 나타낸 중요한 정보(약정, 조건, 수요)를 올바른 순서로 생각 리스트에 연결한다. 판매 상담이 끝난 다음에 문자로 메모하면 당신의 고객은 깜짝 놀랄 것이다. 아니면 당신은 구매 리스트나 쇼핑, 활동 등을 기억하려 하는

**기억의 기술 −
실무**

가? 이런 경우에도 이 리스트가 도움이 될 것이다.

 개념 쌍을 그림으로 상상하고 개념 쌍에 대한 짧은 이야기를 생각해 낸다면, 나중에 그 개념을 더욱 쉽게 기억할 수 있다.

창의성을 어떻게 육성하는가

왼쪽 뇌와
오른쪽 뇌의
조정

양쪽 뇌를 훈련시키는 또 다른 긍정적 관점은 훈련을 통해 창의적으로 변할 수 있다는 것이다. 만약 자신이 창의력이 부족하다고 생각한다면, 다음 연습을 통해 새로운 창의성을 고양할 수 있도록 뇌를 준비시키고, 백서중후군에 맞서 능동적으로 싸우게 할 수 있다.

> **연습 : 창의력 격려하기**
>
> ■ 왼손으로(왼손잡이는 오른손을 사용한다) 이름을 써 보자. 다른 짧은 텍스트도 써 본다. 그러면 두 뇌는 서로 잘 조정된다.
> ■ 연습의 변형 : 두 손으로 병행해서 쓰고 그린다.
> ■ 왼손 또는 오른손 손가락 끝에서 교대로 연필의 균형을 유지한다.

상급자는 특히 어려운 능력을 습득할 수 있다. 뇌를 능숙하게 다루도록 하자! 양쪽 뇌를 조화시키는 데는 편직물이나 도자기 제작도 아주 유용하다. 근심을 떨쳐버림과 동시에 뇌를 활용하기 위해서는 골프장을 횡단하는 것이 가장 유용하다. 골퍼는 라운딩을 하는 동안 문제를 해결하기 위해 자주 뛰어난 아이디어를 낸다.

부정적인 것에서처럼 긍정적인 것에서도 뇌가 신체에게 말한 것을 신체는 따른다. 

■ 머릿속으로 상상하는 동안이나 상상한 뒤에 당신은 어떤 생각을 계획하는가?

■ 그 생각들 중에 어떤 것을 실현시켰는가?

■ 마음의 명령을 긍정적인 언어로 간결하게 표현하자.

■ 왼쪽 뇌와 오른쪽 뇌의 능력을 의식적으로 활용하자.

■ 뇌를 창의적으로 바꾸는 능력을 활용하자.

체크 리스트

3. 지각 – 생물학적 필터

"가시적인 모든 것은 비유일 뿐이다."

— 요한 볼프강 폰 괴테 Johann Wolfgang von Goethe, 독일 시인

이번 홀에서 배워야 할 것

■ 현실이 사람들마다 다른 이유는 무엇 때문인가?

■ 모든 감각 기관으로 어떻게 지각할 수 있는가?

■ 의식적 지각으로 어떻게 행동을 변화시키는가?

다음 상황을 상상해 보자. 방금 잔에 따라 거품이 나는 예쁜 맥주 잔을 손에 들고 있다고 생각한다. 맥주잔을 들어 맥주를 마신다. 그런데 이 맥주잔 안에 사과즙이 들어 있다. 당신은 분명히 생각지도 못했던 상황 때문에 처음 한 모금을 마시고 난 후 기대하지 않았던 반응을 보일 것이다.

한 가지 관점만 보는 안경 우리는 항상 상상과 사실, 즉 현실 사이의 모순을 되풀이해서 체험한다. 그리고 특정한 상황 · 사물 · 인간에 대한 상상이 우리의 지각에 영향을 미친다. 그 뒤에는 심리적인 자연 법칙이

있다. 우리가 스스로 만드는 내적인 이미지가 행동을 결정한
다. 다시 말해, 우리는 실제로 존재하는 현실을 보는 것이 아니
라, 자신의 관점이라는 안경을 통해서 현실을 본다. 이 효과를
'생물학적 필터(Filter)'라고 부른다.

자동차를 사 본 적이 있는가? 브랜드를 결정하고 원하는 컬러
도 확정한 뒤 모델을 선택했을 때, 어떤 특정한 현상을 목격하
게 된다. 갑자기 바로 근처 도로에 사려는 그 자동차가 여기저
기에서 달리는 것이다. 전에는 이 자동차 모델이 거의 눈에 띄
지 않았다. 당신의 인식(認識)은 지금 변화하는 것이다. 사실 같
은 모델의 자동차가 그동안 도로에 많이 있었음에도 불구하고
눈에 띄지 않았는데 지금은 우리의 인식에 새로운 필터를 달게
된 것이다. 모든 감각 기관이 이 자동차에 초점이 맞추어졌다.
여기에서 생물학적 필터가 나타난다. 현실과 인식이 일치하는
경우는 극히 드물다. 이런 개인적인 지각 필터 때문에 동일한
내용을 부분적으로 다르게 받아들인다.
다음과 같은 내용으로부터 지각 필터는 영향을 받는다.

■ 경험
■ 희망과 상상
■ 목표
■ 욕구
■ 가치
■ 교육
■ 불안
■ 내면적 관점

우리는 단지 이미 알고 있는 것만을 본다.

생물학적 필터에
대한 예

- 산림 관리원은 숲을 지나갈 때 무엇을 보는가? – 산림과 산림 훼손
- 사냥꾼은 숲을 지나갈 때 무엇을 보는가? – 야생동물과 그 흔적
- 제재소 주인은 숲을 지나갈 때 무엇을 보는가? – 널빤지와 재목
- 골퍼는 숲을 지나갈 때 무엇을 보는가?

이러한 것들이 상상과 현실이라는 주제에 대한 몇 가지 사례다. 여러분은 낡은 생각의 짐을 내려놓고 평생 교육의 과정을 시작하는 적절한 시점이 언제라고 생각하는가? 바로 지금이다!

▌오감(五感)을 초월해서 지각하기

유감스럽게도 우리는 세상에 있는 모든 것을 지각할 수는 없다. 우리의 세계관은 오감(五感)으로 받아들이는 것, 즉 보고, 듣고, 맛보고, 느끼거나 냄새를 맡는 것에서 형성된다. 그러므로 우리의 세계상은 매우 제한적이며 전혀 완전하지 않다. 보고 측정할 수 있는 것만을 믿는다고 주장하는 사람들에게는 이것이 확실히 불안한 소식일 것이다.

제한되어 있는
우리의 레이더

수백 가지의 소리, 멜로디와 영상이 주변의 허공을 가득 메우고 있다. 당신이 볼 수 없거나 들을 수 없을 뿐이다. 그것이 전

부 비교(秘敎)의 난센스인가? 천만에. 세상은 에너지로 둘러싸여 있지만 우리에게는 감지할 수 있는 레이더가 없다. 물론 안테나를 달고 있는 라디오나 TV가 있다면 이 에너지들을 수신할 수 있을 것이다. 그래서 TV는 수신한 에너지를 변환시켜서 우리가 이용할 수 있도록 한다. 당신이 이 파장을 볼 수 없다고 해서 그 파장이 존재하지 않는다는 의미는 아니다. 많은 동물의 감각 기관은 인간의 감각 기관보다 훨씬 더 발달되어 있다. 개는 훨씬 더 냄새를 잘 맡고, 들쥐와 고래는 태생적으로 초음파 탐지기가 갖추어져 있다.

그러나 우리 자신들도 그러한 효과를 알고 있다. 당신은 어떤 느낌(충동)으로 고개를 돌려 바라본 적이 없는가? 그리고 두 눈으로 그것을 보았지 않은가. 내면적인 우리의 감각들은 그 행동을 감지했다. 전화벨이 울리면 누가 전화를 거는지를 정확히 안다.

세상에는 오감으로 지각할 수 있는 것보다 훨씬 더 많은 것이 있다.

연습 : 보지 않고 샷을 함으로써 얻는 지각

골프 연습장에서 보지 않고 몇 번 샷을 해 보자. 무엇을 느낄 수 있는가? 그때 클럽의 무게, 클럽의 헤드, 스윙 동작 그리고 임팩트 순간에 집중해 보자.

어떻게 샷을 지각하고 느낄 수 있는가? 많은 골퍼들은 그들의

스윙을 느끼지 못한다고 말한다. 하지만 스윙을 해서 공에 임팩트 했다면 몸은 어떤 느낌을 항상 감지하게 된다. 그러므로 피드백을 받아들이는 것을 배워야만 한다. 프레젠테이션을 하고, 대화를 이끌고, 시험을 칠 때도 똑같은 압박감을 체험하게 된다. 우리의 모든 지각이 터널을 바라보는 것처럼 한 감각 기관에 쏠리다 보니 대부분의 감각 기관은 기능을 발휘하지 않는 것이나 마찬가지가 된다.

지각 훈련하기　우리는 우리의 지각을 훈련할 수 있다. 이때 무조건적인 기본 원칙이 통용된다. 옳고 그름을 판단하지 말고 지각하라! 다시 말해, 어떤 느낌을 틀렸느니 또는 나쁘니 하면서 판단을 하면, 이 느낌을 더 이상 가지려 하지 않게 되고, 따라서 더 이상 그것을 느낄 수 없다. 결국 학습 효과는 멈추게 된다.

지각과 분석은　공이 휘어지는 것을 느끼려고 시도해 보라. 순수한 지각은 그 원인
다르다　을 분석하는 것과는 약간 다르다. 느낀다는 것은 샷을 한 다음에 샷이 오른쪽으로 가는지 또는 왼쪽으로 가는지를 당신이 느낄 수 있다는 것을 뜻한다. 지각은 지식이다. 실수를 분석하려는 시도는 지적인 억측에 지나지 않는다. 당신은 스윙을 방금 일어난 것처럼 느낄 수 있으나, 언젠가 느꼈던 것처럼 혹은 어느 화창한 날 느껴야 했던 것처럼 느낄 수는 없다. 스윙을 한 느낌은 약 6~8초 동안 머물러 있다. 물론 연습 스윙을 할 때도 마찬가지다. 그렇기 때문에 훌륭한 연습 스윙을 한 다음에 약 6~8초 이내에 경기를 계속해야 한다.

연습 : 스윙할 때 어떻게 느낌을 지각할 수 있는가?

몇 번 연습 스윙을 하라. 우선 어떤 것에도 집중하지 않는다. 스윙하는 동안에 수천 가지의 일과 생각들이 마음속에서 일어난다. 이 복잡한 과정을 어차피 느낄 수는 없다. 계획을 하지 않아도 잠재의식은 몇 가지 느낌들을 당신에게 전하기 시작할 것이다. 이 느낌들 중에서 가장 강한 것을 받아들이고 더 깊이 있게 관찰하라. 그것은 아마 불균형과 긴장에 대한 느낌이었을 것이다. 다음 스윙에서 언제, 어디서 이 느낌이 나타나는지 찾아내려고 시도한다. 아마도 그 느낌이 언제 강하고 약한지를 알 수 있는가?

몇 번의 샷을 한 다음에 느꼈던 느낌이 없어졌다고 해도, 놀라지 마시라. 경련에 대한 자연적인 반응은 긴장 완화로 편안해진 것이다.

이렇게 자연스럽게 배우기는 간단하고 이해하기 쉽다. 다른 관찰에서도 이런 것을 경험할 수 있다. 우리의 신체는 스스로 터득하는 능력이 있다. 단지 방해하지 말고 그대로 두라. 이러한 방법으로 당신은 시작부터 마무리까지 전 스윙을 점검할 수 있다. 언제 동의하고, 언제 그것이 확실한지를 그 느낌이 전달해 줄 것이다. 그 경우에 새로운 프레젠테이션과 판매 결과는 좋을 것이다.

대화 연습

연습 : '에∼' 제거하기

대화나 프레젠테이션을 하는 동안 얼마나 자주 '에∼'를 말하는지 관찰해 보자. 이것을 적어도 1주일간 실천한다. 바로 평가할 필요는 없다. 지각 필터를 변경시키고 예민하게 만들면 시간이 가면서 자동적으로 '에∼'가 줄어들 것이다. 당장 시도해 보자!

목표가 정해진 관찰을 통해서 대화나 프레젠테이션 기술에 대한 당신의 지각을 예민하게 할 수 있다. 대화에서 늘어지는 표현, 즉 예를 들면 '원래', '아마도', '∼일지도 모른다', '∼이면 좋겠는데' 등을 제거해 보라.

연습 : 말이 늘어지는 표현 피하기

늘어지는 표현 대신 새롭고 구속력 있고 분명한 말을 사용해 보자. 생각 없이 큰 소리로 지껄이는 대신 짧은 휴식을 취해 보자.

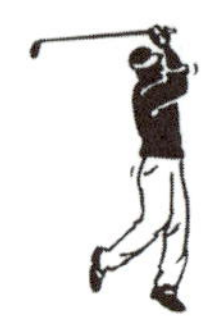

연습 : 퍼트 평가하기

이 연습은 자신이 친 원 샷의 길이와 방향에 대한 느낌을 보다 높은 수준으로 끌어올리는 데 도움이 된다. 6∼7미터의 거리를 두고 아주 일반적인 퍼트를 준비한다. 샷 하기 전에 당신과 홀컵 사이에 동반자를 세우거나 판지 등으로 시야를 가린다. 샷을 한 다음에 동반자에게 공이 어디에 왔는지를 말한다. 이때 당신은 공이 있는 곳까지의 거리와 방향을 이야기한다. 사람들의 기대에 부응하고 있다고 생각할 때까지 이 연습을 자주 반복하라.

퍼트할 때 골프 동반자의 연습 : 공의 위치, 좋은 퍼터 등 레이 퍼터는 샷을 할 때 직접적인 피드백을 준다.

연습 : 홀컵에 공 넣기

많은 골퍼들은 그린에 있는 방해물을 올바르게 읽거나, 퍼트의 거리를 제대로 측정하는 데 어려움을 겪는다. 간단한 연습을 통해 이 능력을 훈련할 수 있다.

적당한 길이의 퍼트를 선택하라. 그리고 공을 손에 들고 타깃을 겨눈 다음 눈을 감은 채 공을 쳐서 홀컵에 넣어 보라. 여러 번 반복한다. 그러면 신체가 그린의 웨이브에 어떻게 반응하는지 알 수 있고, 그린의 기복(起伏)도 지각할 것이다. 그로 인해 홀컵에 점점 더 가까이 다가가거나 홀컵에 공을 넣을 수도 있을 것이다.

단지 공에만 정신을 집중하는 것이 무조건 올바른 방법은 아니지만, 샷을 할 때는 공을 시야 안에 두도록 한다. 또 골프 연습장이나 페어웨이에서 헤드에 대한 느낌을 가질 수 있도록 시도한다. 어떤 순간에 어떤 위치에 있는지 헤드를 잘 관찰한다. 결국 당신에게 필요한 피드백은 공이 아니라 헤드에서 얻게 될 것이다.

연습 : 눈감고 샷 하기

시간이 지나 헤드에 대한 의식이 높아졌다면, 다음 단계로 간다. 샷을 할 때 눈을 감고 스윙하는 헤드의 위치에 정신을 집중한다. 헤드의 움직임을 제어하려고 하지 말고 느끼려고 시도하라. 마치 클럽이 저절로 스윙하는 것처럼 느낌이 오면 만족스러운 결과가 나올 것이다.

헤드가 실제로 어디에 있는지에 대해 동반자에게 어드바이스를 요청한다. 자신이 느꼈던 위치로 이 피드백을 조정한다. 많은 골퍼들은 자신이 느낀 헤드의 위치와 실제 위치를 다르게 평가하는 경향이 있다.

연습 : 샷이 너무 짧다면

거리는 0~5까지의 단계로 구성한다. 개별 단계의 거리에 대한 연습을 하고 그것을 지각한다. 멋진 팔로우 스루 스윙에 대한 좋은 거리는 어느 단계인가? 아마 당신은 3~4단계의 거리가 적당한 것을 발견할 것이다. 특히 이 연습에서 공이 홀컵(조준된 타깃)에서 벗어나 어디로 가는지를 느끼는 데 집중하라. 당신에게 전달된 클럽의 느낌을 느끼려 노력하라. 공을 홀컵에 넣는 것이 중요한 게 아니라, 공의 위치를 감지하는 것이 중요하다.

대부분의 골퍼들은 소리만으로도 샷이 좋았는지 나빴는지 식별할 수 있다. 소리를 통해 가치 있는 정보를 얻을 수 있다. 클럽의 스위트 스폿(유효 타구)에 공이 맞았다면 더 잘 들을 수 있다. 어떤 방향으로 얼마나 멀리 공이 날아가는지에 대한 피드백을 귀를 통해 얻기를 시도하라.

귀로 지각하기

얼마나 정확하게 신체의 언어를 관찰할 수 있는가? 우리는 프레젠테이션과 대화에서 신체 언어가 전달하는 많은 메시지를 잘 알아차리지 못한다. 주제나 상황을 제대로 이해하지 못하면 내면적인 갈등에 모든 정신이 집중된다. 이때 팔과 손, 얼굴은 자신이 원하는 행동을 한다. 대화나 프레젠테이션을 할 때 자신을 관찰하도록 한다. 이때 몸짓, 팔 동작, 리듬에 주의한다. 나는 내 세미나에 참석한 사람들이 어떻게 지각 필터 훈련을 통해 부자연스럽거나 어색하지 않고 훨씬 더 전문적인 행동을 하는지를 관찰했다.

신체의 언어
지각하기

> **연습 : 신체 언어 지각하기**
>
> 대화 상대의 신체 언어에 주의를 기울인다. 손가락과 손은 어떻게 움직이고, 눈은 어디를 보는지 주의를 기울인다. 이때 지각만을 훈련시키고 관찰하려고 노력한다. 이 연습에서도 평가는 필요하지 않다.

자신의 행동에 대한 새로운 지각 필터도 익힐 수 있다.

연습 : 스트레스 상황에서 자기 지각

스트레스를 받은 상태에서도 꼭 한번 자기 자신을 지각해 보라.
다음 질문이 도움이 될 것이다.

■ 나는 무엇을 하고 있는가?

■ 나는 어떻게 반응하고 있는가?

■ 내 마음속에서 어떤 감정을 느끼고 있는가?

■ 나는 이 감정을 어떻게 다루고 있는가?

지각과 관심

비즈니스에서 어떻게 지각하는가? 얼마나 관심 있게 고객 · 직
원 · 동료 · 상관을 대하고 있는가?

평가하지 않기   우리가 지각할 때는 옳고 그름이 없다. 지각 연습을 할 때 어려
움을 느끼는 이유는, 우리가 일생을 지시와 지도를 받으면서
성장했기 때문이다. 무엇보다도 먼저 다른 종류의 학습과 행동
변화에 대한 신뢰를 쌓는 것부터 시작해야 한다. 하지만 결국
중요하다고 여기는 것은 결과이지 이론이 아니다. 자신에게 미
치는 효과를 알 때까지 이 새로운 훈련 방법을 실행하도록 한
다.

평가를 하지 않는 지각과 느낌이 잠재의식을 학습하게 한다.

연습 : 내면의 골프에 대한 지침

- 백스윙 정점에서 등의 위치는 어디인가? 어깨를 타깃 쪽으로 얼마나 돌렸는가? 이 연습으로 백스윙이 정점에 이르렀을 때 타깃을 향해 등을 돌렸는지에 대한 느낌을 통해 발전시킬 수 있다. 등을 얼마나 강하게 돌렸는지에 따라 -3에서 +3까지 등급을 만든다. 매번 샷을 한 다음에 등급에 해당하는 숫자를 부르고 동반자에게 숫자를 점검하게 한다.

- 많은 골퍼들은 임팩트 순간에 안쪽에서 바깥쪽으로가 아니라 바깥쪽에서 안쪽으로 샷을 하는 문제가 있다. 여기에서도 내면의 골프 연습은 필요하다. 동반자의 도움을 받아 바깥쪽과 안쪽 2가지 스윙 방향의 일반적인 차이점을 느껴 본다. 그리고 -3에서부터 +3까지 마음의 등급을 만들어 자신이 친 샷 하나하나에 걸맞은 평가를 내린다. 다양한 등급의 평점을 달성하기 위해 의식적으로 샷을 하며, 샷의 범위 내에 있는 단계를 의식한다.

- 샷을 할 때 머리가 어떻게 움직이는지 사소한 움직임도 느낄 수 있도록 관찰한다.

- 샷을 할 때 오른쪽 팔꿈치에 주의한다. 어떤 변화도 없이 오른쪽 팔꿈치에만 집중한다. 특히 다운스윙을 한 뒤 팔꿈치가 어떤 상태에 있는지 말할 수 있는가? 팔꿈치 위치에서 일어나는 변화를 관찰한다. 팔과 다리의 다른 자세도 관찰을 통해 알 수 있다.

- 왼쪽 팔이 곧게 펴져 있는지 또는 조금 구부러져 있는지 관찰

> 한다. 매번 샷을 한 다음 왼팔을 뻗는 정도에 따라 0부터 5까지
> 단계별 평점을 매긴다. 0은 완전히 펴진 상태를 나타낸다.

이 모든 연습에서는 신체에 적절한 움직임이 어느 것인지 느끼는 게 중요하다. 스윙을 바꾸려는 사람은 기량 개선 코너에서 유명한 아인반슈트라세(Einbahnstraβe, 일방통행로)에 들어간다.

어떤 특별한 느낌이 언제 어디서 시작하는지 항상 질문하라. 잠재의식이 느낌을 변화시킬 때까지 이 느낌(직감력)을 조심스럽게 고수한다.

자, 연습에 대한 아이디어를 몇 가지나 얻었는가? 이 아이디어가 비즈니스에서 어떻게 전환되어 사용할 수 있는가?

체크 리스트

■ 자신의 행동을 어떻게 지각하는가?

■ 자신의 지각 필터를 훈련시키고 아래 내용을 생각해 보자.

– 나는 무엇을 하고 있는가?(신체 언어, 몸짓, 제스처)

– 특정한 영향에 대해 나는 어떤 반응을 보이는가?

– 마음속에서 어떤 감정이 생기는가? 어디서 경련이 일어나는가?

– 특히 주목을 끄는 것은 무엇인가?

– 어떤 특정 행동에 초점을 맞추려 하는가?(허사, 제스처, 신체 반응)

4. 시각 – 관찰자의 입장

> "발견을 하는 데 있어 가장 큰 어려움은 필요한 것을 관찰하는 데 있는 것이 아니라, 전통적인 개념의 이해(해석)에서 벗어나는 데 있다."
>
> — 버널 J. D. Bernal, 영국 물리학자

이번 홀에서 배워야 할 것

- 관찰의 초점을 바꾸면서 어떻게 새로운 인식을 가질 수 있는가?
- 실상(實狀)을 분명히 함으로써 당신은 어떻게 해결책을 얻겠는가?

연습 : 다양한 입장을 관찰하기

작은 실험으로 시작하자. 48쪽의 그림을 보자. 관찰자 A는 무엇을 보고 있으며, 관찰자 B는 자신의 시각에서 무엇을 서술하려고 하는지 설명한다. 두 사람 중에 누가 옳은가?

각자가 자기 방식의 올바른 대답을 제시하지만, 전체적인 개관(槪觀)이 정확한 답을 가능하게 한다. 관찰 초점을 바꾸면 스포츠와 비즈니스에서 가치 있는 정보와 인식을 얻을 수 있다.

진실은 관찰자의 입장에 있다

관찰자 입장

장기의 예

장기 선수가 장기 대회에서 전망을 어떻게 변동시키는지를 설명했다. 그는 한 수를 둔 다음 일어나서 현재 말이 놓인 상황을 상대방의 시각에서 본다. 이 새로운 시각이 자신 앞에 놓여 있는 말의 위치의 약점을 더욱 명백히 알게 한다. 여기에서 그는 다른 경기 전략에 이용할 수 있는 새로운 정보와 인식을 얻게 된다.

동물 세계에서의 예

우리의 시선을 동물의 세계로 돌려 보자. 두더지는 땅만 파고, 쥐는 지하 통로를 통해 땅 표면으로 나오고, 다람쥐는 땅 위에서, 그리고 나무 위에서 이리저리 움직인다. 새도 역시 관찰할 수 있다 : 날지 못하는 공작에서부터 자유롭게 날아다니는 영금류까지. 하늘의 왕은 의심할 여지없이 독수리다. 독수리는 소위 ‘독수리의 눈’으로 가장 작은 세세한 것들을 보지만 동시에 공중에서 서서히 떠돌면서 전체를 조망(眺望)한다.

동물 세계에서 무엇을 배울 수 있는가? 두더지처럼 매일 자기 일만 파고드는 사람은 당시는 행복하지 않을 것이다. 다양한 생활 속에서도 세세한 것에 대한 통찰력도 잃어버리지 않아야 하지만, 복잡한 과정에 대한 전체적인 개관을 통해 우리는 문제 해결에 도움이 되는 정보를 얻을 수 있고 더욱 효과적이고 목표 지향적으로 일할 수 있을 것이다. 다시 말해 자신이 처해 있는 상황에서 독수리처럼 세세한 것도 보고 전체적인 개관을 할 수 있다면 어디로 가야만 하고, 어떤 조처를 취해야 하는지 알게 된다.

거리를 두고 보면 전체적인 조망을 할 수 있다

연습 : 긴장 완화를 통한 조망(眺望)

주변을 편안한 분위기로 만들어 보라. 긴장을 완화시키는 음악이나 마음을 진정시키는 고전을 듣는다. 그리고 편안하게 의자에 앉는다. 그러나 자세는 똑바로 한다. 상체는 반듯이 세우고, 상체와 넓적다리는 직각을 이루고, 넓적다리와 종아리도 직각을 이루게 한다. 손은 편안하게 넓적다리 위에 놓는다.
긴장을 이완시키고 올바르게 앉아 있는지 다시 한 번 살펴본다. 조용히 그리고 깊게 뱃속으로 숨을 들이쉰다. 근육이 어떻게 천천히 이완되는지 느낀다. 그리고 다시 숨을 내쉰다. 들이쉬고 내쉴 때 서두르지 않는다. 그러면서 서서히 눈을 감는다. 이제 자신의 신체 여행을 상상한다. 어디에서 긴장이 일어나는가? 어디에서 기분이 좋고, 어디에서 기분이 나쁜가? 기분이 좋은 신체 부분은 기분이 나쁜 부분에 긍정적인 느낌을 가지도록 할 것이다. 신체 여행을 끝마쳤다면 천천히 머리 쪽으로 향한다. 각 단계에서 충분한 시간이 필요하다.

자기 자신 관찰하기

이제 머리로 들어가는 것을 상상한다. 머리의 끝에서 작은 문이 열리는 것을 상상한다. 이제 이 작은 문에서 카메라로 밖을 내다볼 수 있다. 작은 카메라 같은 내면의 눈이 있다고 가정한다. 내면의 눈은 머리에 있는 문 밖을 천천히 나온다. 주변을 돌아본다. 무엇이 보이는가? 한번 뒤로 돌아본다. 내면의 눈이 자신보다 몇 센티미터 위에 떠 있다면, 자신 밖으로 계속 나가려고 시도한다. 처음에 10cm, 20cm, 그리고 1m, 2m까지 자신보다 위에 떠 있다면 계속 나가 본다.

보고 있는 것을 관찰한다. 사방팔방으로 돌아보자. 당신은 어디에 있는가? 무엇을 보고 있는가? 무엇을 감지하고 있는가? 어떤 느낌이 있는가? 어떤 생각이 드는가?

당신이 있는 장소에 초점을 맞춘다. 아마 그 장소는 당신의 책상일 것이다. 이제 거리를 두고 잘 관찰할 수 있다. 당신은 관찰자의 입장이 된 것이다.

몇 가지 자문(自問)해 보자.

■ 지금 무엇을 하고 있는가? 내가 열중하고 있는 것은 무엇인가?

■ 정말 중요한 것은 무엇인가?

■ 무엇을 버릴 수 있는가? 무엇을 맡길 수 있는가?

■ 나의 업무 중에 나에게 정말로 도움이 되는 업무는 무엇인가?

■ 어디에서, 그리고 어떻게 시간을 절약할 수 있는가?

이제 천천히 다시 되돌아온다. 카메라가 내려와서 이제는 자신에게 돌아온다. 근육을 조금 긴장시킨다. 기지개를 켜고 다시 근육의 긴장을 푼다. 자, 이제 눈을 뜬다.

연습이 어땠는가? 좋았는가? 당신이 연습할 용기와 시간을 가졌다면 도전을 파악하고 해결하는 중요한 기술을 습득한 것이다. 심리학에서 위의 관찰자 입장에 대한 시각을 '메타포지션 (metaposition)' 이라고 한다.

나는 이미 이 연습을 판매팀을 데리고 성공적으로 해 보았다. 판매원들은 문제에 대해 새로운 관점으로 관찰하고 새로운 전망 때문에 새 목표를 인식할 수 있었고, 다르게 해결할 수 있었다. 골치 아픈 일을 처리해야만 하거나 중요한 결정을 내려야 한다면 침착하게 자주 연습하자. 연습을 위해 오래 골똘히 생각할 필요는 없고, 비용 없이 사무실에서도 쉽게 할 수 있다. 물론 방해받지 않는 개별 사무실이 필요하긴 하다. 그래서 가끔은 소문이 떠돈다. 동료 X는 책상에서 자고 있다고.

골프에서는 어떻게 시각을 변화시킬 수 있는가? 프로 골퍼와 경기에 참가한 선수는 퍼트하기 전에 여러 시각에서 그린을 읽으려고 한다. 이런 노력으로 그린의 상황이나 지면의 기복에 대해 더 많은 정보를 얻는다.

내면의 카메라를 이용하는 방법을 충분히 연습했다면, 잠시라도 골프장에서 긴장 완화 연습을 할 수 있고, 식별할 수 없는 그린을 마음속 다른 시각으로 관찰할 수 있다.

당신은 이제 판단하기보다는 더 많이 관찰하라. 판단하게 되면 저절로 한쪽을 대변하게 된다. 모든 사람은 여행을 할 때 길거리에서 경험을 한다. 그리고 인간에게는 타고난 자유 의지가 있고 선택의 자유가 있다. 다른 말로 하면 다른 사람들은 자신

골프에서의 시각

판단하기보다
더 많이 관찰하기

프로 골퍼는 퍼트하기 전에 여러 가지 시각에서 그린을 읽으려고 한다.

과 다르기 때문에 부당하지 않다. 당신은 전혀 다른 결정을 내렸지만 다른 사람의 행위가 우리에게 어떤 영향을 미치는가는 물론 관찰하고 나서 행동을 한다.

지식에서 천재로 가는 길은 세세한 것에서 전체적인 조망으로 가는 길이다.

■ 항상 의식적으로 되풀이해서 관점을 바꿀 수 있다.

■ 긴장 완화 연습과 메타포지션을 활용한다.

■ 관찰만 하고 가치 평가는 생략하기를 시도한다.

■ 관찰된 상황이 당신에게 어떤 영향을 미칠 것인가 들여다본다.

체크 리스트

5. 타깃 찾아내기와 명확히 설정하기

> "성공은 행동과 관련되어 있다. 성공한 사람들은 지속적으로 계속 움직인다. 그들은 실수는 하지만 포기하지는 않는다."
>
> — 콘래드 힐튼 Conrad Hilton, 힐튼 호텔 체인 설립자

이번 홀에서 배워야 할 것

- 다양한 삶과 성공 영역에 있는 당신이 골프에서 어떤 목표를 성취하고자 노력하는가? 목표 달성을 위해 어떻게 행동하는가?
- 다양한 삶과 성공 영역에서 비즈니스와 관련해서 어떤 목표를 성취하고자 노력하는가? 목표 달성을 위해 어떻게 행동하는가?
- 목표가 어떻게 올바르게 설정되는가?

무엇이 성공인가?

골프와 비즈니스에서 달성하려는 것은 무엇인가? 경력, 이미지, 부, 세인의 인정 또는 승리인가? 한 마디로 표현하자면 성공일 것이다. 개인적으로, 성공이 당신에게 무엇을 의미하는지 한번 생각해 보았는가?

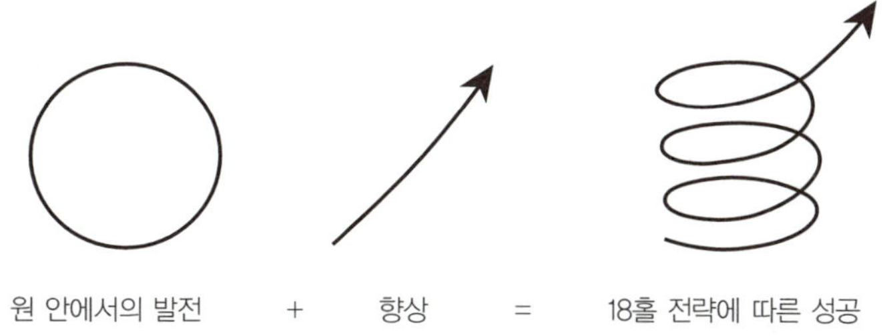

원 안에서의 발전   +   향상   =   18홀 전략에 따른 성공

인격 발달을 나타내는 그림

연습 : 성공 정의하기

잠시 시간을 내서 성공이 당신에게 무엇을 의미하는지 성공의 정의를 찾아보도록 하자.

성공에 대한 나의 정의 :

....

....

....

성공이라는 단어를 구성하는 요소를 나누어 본다면, 어떤 결과   4가지 성공 차원
가 생기는지를 알게 된다. 성공은 아마도 예전에 결정했던 것,
즉 목표를 따른 결과다. 그렇기 때문에 성공에 대한 아주 간단
한 정의는 다음과 같다.

성공은 목표를 달성하는 것이다.   

성공적인 삶의 4가지 차원

우리는 인생의 4가지 영역에서 성공할 수 있다.

1. 인격 발달

우리의 전체 인생에서 인격은 성장하고 심오해진다. 하지만 아주 적은 사람들만이 인격을 발달시키기 위해 적극적으로 노력할 뿐이다. 물질적으로만 부자가 되려는 사람은 알차고 풍부한, 인생에서 더 많은 가능성을 놓치게 될 것이다.

2. 비즈니스와 재정적 성공

당신은 비즈니스와 스포츠에서 성공하는 훈련에 관한 책을 지금 읽고 있다. 성공 기술을 연습하고 사용하면, 비즈니스에서 성공할 것이다. 골프 경기에서만 성공 기술을 반복 사용하고 연습해도, 같은 행동이 본능적으로 비즈니스에서도 사용하고 있음을 깨닫게 된다.

3. 사회적 성공

사생활에 성공 기술을 이용하는 데 방해가 되는 것은 무엇인가? 성공의 4가지 차원의 균형으로 만족스럽고 원활한 생활이 가능하다. 만족한 가정생활과 부부생활, 친구 그리고 친지와 좋은 사회적 관계를 맺는 것은 당신에게 불리하지 않다. 당신을 성공개념에 명예직도 함께 포함시키고 있지 않은가?

4. 건강

건강한 삶을 영위하는 것이 무엇을 말하는지 우리는 알고 있다. 규칙적으로 골프를 하는 것은 당신의 신체 건강에도 도움을 준다. 그러므로 골프는 비즈니스에 필요한 조건과 타당성을 고루 갖추고 있다고 할 수 있다.

연습 : 개인적 성공을 상세하게 표현하기

위에서 설명한 정의를 보고 상세하게 기술해 보자.

나에게 골프에서의 성공은 무엇인가?

....

....

나에게 비즈니스에서의 성공은 무엇인가?

....

내가 다음과 같이 한다면, 더욱 성공할 텐데.

....

....

의식적으로 성공의 장애물에 관해 한번 생각해 보자. 종종 불안과 내면의 장애물이 우리의 성공을 방해한다. 장애물을 극복하는 첫 번째 단계는 장애물을 의식하는 것이다.   장애물 인식하기

방금 성공이 목표 달성을 의미한다고 앞에서 설명했다. 그러므로 이제 목표에 관해 깊이 생각해야 한다. 내가 볼 때도 목표를 찾아내서 명백하게 표현하는 것이 성공을 위한 가장 중요한 기본 전제 조건이라고 할 수 있다.

 ## 목표가 없는 자는 성공도 할 수 없다.

최대한 3분을 다음 연습에 투자해 보자!

연습 : 목표 찾아내기

(비즈니스에서와 스포츠에서) 당신에게 중요한 10가지 목표를 지금 바로 적어 보라. 최대 3분의 시간을 사용할 수 있다.

1. ....
2. ....
3. ....
4. ....
5. ....
6. ....
7. ....
8. ....
9. ....
10. ....

주의 : 진정한 승자는 3분 동안에 12~15가지의 목표를 명확히 표현한다.

**성공을 위한 기초
– 목표**　　진심으로 축하합니다! 당신이 목표를 명확히 설정했다면 축하한다. 당신은 성공할 인구의 10%에 해당된다.

이 목록을 잊고 있다가 1년이 지나서 다시 본다면(목표가 당신과 생활 주변 환경에 적합한 경우라면)이 목록에 있는 10개의 목표 중에 7~8개는 달성했음을 확인할 것이다. 결국 당신의 목표를 달성하는 데 도움이 될 정도로 생활 주변 환경에서 수용한 것과 당신의 행위를 잠재의식이 조절하는 것이다.

목표를 어떻게 설정하는가?

1. 목표를 기록으로

기록된 목표는 본질적인 3가지 장점이 있다.

■ 오랫동안 뚜렷하게 목표를 설정하고자 몰두하면 더욱 정확한 내용으로 표현할 수 있다.

■ 기계적인 필기 과정을 통해 뇌와 잠재의식은 목표 달성을 위해 더욱 강하게 고정되고 프로그램 된다.

■ 목표가 달성되는 확률이 앞에 언급된 2가지로 상승한다.

명백하고 적합한
목표 확정하기

2. 목표는 달성할 수 있는 도전

달성할 수 없는 목표는 자기 신뢰와 자기의식에 긍정적인 작용을 하지 않는다. 따라서 달성할 수 없는 목표를 세우면 도전의식이 발동하지 않는다. 직원들에게 너무 높은 목표를 세우게 해서 75%만 달성해도 만족할 만큼 수치를 높게 설정한 기업이 있다. 장기간 이러한 상태가 계속되면 직원들은 높은 목표 설정을 진지하게 수용하지 않는 태도를 가진다. 상사가 그 결과에 만족하지 않기 때문에 만약에 직원들을 강하게 다루지 않는다면 많은 것을 달성할 수 없다.

3. 목표가 한정적이고 달성률 측정이 가능하다

범위가 뚜렷하게 정해진 목표만이 달성 가능하다. 목표가 불분명하거나 희미하다면 바로 한계에 부닥뜨릴 것이다.

4. 목표는 재점검할 수 있다

당신이 원하는 진정한 목표를 완벽하게 달성했는지를 점검할 수 없다면, 그 목표가 무슨 소용이 있는가? 당신은 스스로를 속이지 말아야 한다. 그리고 다른 사람이 당신에게 불확실한 목표를 끈질기게 강요하게 된다.

5. 목표는 긍정적이고 뚜렷하게 설정한다

평소에 문제점이나 질병, 그리고 좋지 않은 상황에 대해 자주 이야기하는 사람들을 알고 있는가? 사람들의 관심사는 '목표'지만, 대부분의 사람들은 자신이 원하지 않는 부정적인 것에 대해서만 생각하기 때문에 머릿속에서 거부 이미지가 생긴다. 앞에서도 설명했듯이 뇌는 부인할 수 없다. 다시 말해서, 뇌는 거부 즉 원하지 않는 것, 부정적인 것을 잊지 않는다. 부정적인 생각은 마음속에 숨어 있다가 실현된다. "나는 그것이 또다시 나에게 일어날 줄 알았다."라는 말을 많은 사람들에게서 듣는다. 이 점에 대해서는 나중에 언급할 것이다.

목표를 먼저   ### 6. 목표는 이미 정해졌다
말하기

이미 달성했으면 하는 그러한 목표를 현재 설정하라. 그래야만 머릿속에 있는 목표에 대한 도전이 분명 실현된다.

7. 각각의 목표에는 기간 설정이 필요하다

자신의 목표를 언제 달성하고자 하는지 모른다면 항상 손해를 볼 것이다. "확인 좀 해 봅시다."라는 모토로 목표를 점검해야 한다. 점검과 종료 날짜는 밀접한 관련이 있다.

8. 목표의 세분화

커다란 목표는 달성하기 힘들다. 큰 목표를 작은 목표로 다양하게 세분한다면 자신이 공략해야 할 길을 쉽게 찾을 수 있을 것이다.

9. 다른 목표와 모순되지 말아야 한다

한 어머니가 있다고 하자. 회사에서 출세 가도를 달리는 그녀는 그 다음 단계로 진급하겠다는 결심과, 그리고 동시에 적어도 일주일에 3일 정도는 오후 5시 전에 가족을 위한 시간을 내겠다는 목표를 정했다면, 2가지 결심 가운데 하나는 이루지 못할 것이다. 2가지 목표는 서로 다른 이해 관계를 추구하기 때문에 일치될 수 없다.

10. 목표 달성에는 비용이 따른다

목표를 달성하기 위해서 무엇을 투자할 준비가 되어 있는지 정확히 자문(自問)해 보자. 얼마나 많은 시간, 연습, 돈과 노력을 투자할 수 있는가? 그것이 당신에게 무슨 가치가 있는가? 당신은 짧은 휴식 시간을 가져도 좋고, 앞에서 표현한 비즈니스와 골프의 목표를 더욱 상세히 공부해도 좋고, 하위 목표와 필요한 활동을 추론해서 목표에 우선순위를 붙여도 좋다. 이때 시간적 범위도 고려해야 한다. 목적을 달성하는 데는 1주일, 1개월, 1년, 5년 또는 10년의 시간이 필요할 수도 있기 때문이다.

> 투자를 위해 무엇을 준비하고 있는가?

골프 경기에서는 시즌, 라운드, 시합, 홀 또는 다음 샷의 목표를 정하는 것이 중요하다. 가능한 한 적은 샷으로 골프를 마치는 것이 당신의 유일한 목표인지 조용히 생각해 본다.

연습 : 활동 계획 작성하기

목표 달성을 위해 어떻게 행동하는가? 골프 경기와 비즈니스에서 달성하고 싶은 목표에 대한 활동 계획을 여기에 작성한다.

골프에서 나의 가장 중요한 목표 :

목표가 언제 달성되기를 바라는가?

목표를 달성하기 위해 무엇을 해야만 하는가?(중요한 3가지 조치)

비즈니스에서 나의 가장 중요한 목표

목표가 언제 달성되기를 바라는가?

목표를 달성하기 위해 무엇을 해야만 하는가?(중요한 3가지 조치)

█ 신체의 피드백

목표를 뚜렷하게 설정한 다음 뱃속에 있는 당신의 느낌을 생각
해 본다. 스스로에게 물어보시오.

- 목표가 내가 원하는 것과 일치하는가?
- 느낌이 좋은가?

약간 불안하거나 불쾌한 감정이 들면 편안해질 때까지 목표를
새롭게 작성하도록 해야 한다.

신체 반응
지각하기

신체는 우리에게 목표 달성에 필요 도움을 줄 수 있으므로 파
트너와 함께 아래 설명한 연습을 가볍게 한다. 이런 가벼운 연
습이 비즈니스에서처럼 골프 경기에서도 도움이 될 수 있다.

> **연습 : 타깃을 향해 던지기**
>
> 테니스공을 던져 양동이나 휴지통에 넣어 본다. 짧은 거리에서
> 시작해서 점점 거리를 늘려 나중에는 2~3미터 거리에서 시도한
> 다. 파트너가 던질 때 당신의 움직임과 특히 얼굴에 나타난 반응
> 을 관찰한다.

거리가 멀어지면 멀어질수록 더욱 긴장되고 심지어는 경련까
지 일으킨다는 것을 알 수 있다. 또한 목표가 높으면 높을수록,
요구가 크면 클수록 더 긴장하거나 경련을 일으킨다. 골프 경

기에서도 목표를 달성할 수 없다고 생각해 자꾸 나쁜 샷을 하게 되면 경련이 되풀이된다는 것을 알 수 있다. 까다로운 교섭과 대화 또는 어려운 샷을 할 때도 행동을 편안하고 자유롭게 하려고 노력한다. 도전하는 자세만이 목표를 달성할 수 있는가 없는가를 나타내 준다.

타깃에 초점 맞추기

종종 우리 앞에 거대한 벽처럼 놓여 있는 목표가 있다. 그럴 땐 시각(視覺)의 상대성이 도움이 된다. 타깃까지의 거리를 늘린다고 상상하자. 그리고 가능한 한 먼 거리에서 이 타깃을 다시 한 번 주의 깊게 살펴본다. 예를 들면 육상 경기의 장대높이뛰기에서 높은 봉의 위치도 적당히 먼 거리에서는 훨씬 낮아 보인

잎, 나무 꼭대기 또는 깃발과 같은 작고 분명한 목표가 진짜 타깃의 올바른 방향을 찾도록 도와준다.

다. 쉽게 넘을 수 있는 계단 발판 같은 하위 타깃도 생각해 본다.

연습 : 가능한 작은 목표

우리는 종종 티샷에서 넓은 페어웨이에 안착시키려 하지만 경험상 이런 시도가 항상 성공하지 못한다는 것을 알고 있다. 페어웨이에 안착시키려는 것은 상당히 불확실한 목표다. 그래서 장타로 분명한 목표를 세우려고 시도해야 한다. 당신은 티샷에서, 코스로만, 단순히 직선으로만 하는 샷을 생각할 게 아니라, 가능한 한 정확하고 작은 목표를 선택해야만 한다. 예를 들면 페어웨이에 나뭇잎이 적당한 위치에 있거나, 혹은 특정한 나무가 정확한 방향을 알려줄 수도 있다. 이 작은 점을 타깃으로 선택한다. 작은 타깃과 비교하면 페어웨이는 아주 크게 보이기 때문에 쉽게 안착시킬 수 있다고 생각된다. 이런 방식으로 그린도 더 크게 보이게 할 수 있다. 깃발이나 홀컵을 정확히 겨냥한다. 깃발이나 홀컵에 비하면 그린은 훨씬 더 큰 느낌을 갖게 된다.

연습 : 골프 연습장에서 타깃 대회

연습 파트너와 작은 시합을 해 보자. 구체적인 타깃을 제시하시고 타깃을 향해 공을 교대로 샷을 한다. 공을 타깃 점에 더 가까이 보내는 사람이 이기는 것이다.

큰 목표를 가지고 있는 사람은 큰 것을 이룰 수 있다. 큰 목표를 향해 행동하기 전에 달성할 수 있는 작은 하위 목표를 정한다.

체크 리스트

- 나의 강점은 무엇인가?

- 나에게는 어떤 능력이 있는가?

- 나는 긍정적인 그림을 어떻게 그릴 수 있는가?

- 나는 무엇에 정신 집중을 하려고 하는가?

- 내 마음에 드는 것은 무엇인가?

- 나는 무엇 때문에 기쁜가?

- 나에게 정말로 중요한 것은 무엇인가?

- 내 마음속에 어떤 한계가 있는가?

- 나의 가장 중요한 목표는 어떤 것인가?

- 나는 목표를 어떻게 문서화 하는가?

- 나는 이제까지 어떤 성공을 거두었는가?

- 나에게 에너지를 주는 것은 무엇인가?

- 나는 어떤 약점을 강점으로 만들고자 하는가?

- 나는 진정 무엇을 투자할 준비가 되어 있는가?

- 어떤 사람이 아직 포함되어 있는가?

- 나는 책무에서 벗어난다면 무엇을 하고자 하는가?

- 항상 충분한 돈을 갖고 싶다면 무엇을 하면 좋은가?

- 언제나 특별하고 엄청난 일을 한 번은 해 보고 싶은가?

- 목표 달성은 나에게 어떤 영향을 미치는가?

- 나는 어떻게 목표 달성을 측정할 수 있는가?

- 목표로 가는 길을 인도해 주는 하위 목표는 무엇이 있는가?

- 하위 목표에서 내가 이끌어낼 수 있는 방법은 무엇인가?

- 이 방법에서 어떤 결과가 나오는가?

- 나의 시간 계획은 어떤가?

6. 비전이 열쇠다
– 목표를 영상화하기

"1분 이내에 나는 안경을 쓰고 볼 수 있어서 좋지 않은 날이면 벌써 표정이 바뀐다."

— 스펜서 존슨 Spencer Johnson, 미국 심리학자, 경영 트레이너

이번 홀에서 배워야 할 것

- 영화의 엔딩 기술로 어떻게 성공을 거둘 수 있는가?
- SF영화를 찍는 감독이 되려면 어떻게 해야 하는가?
- 비전이 신체 기능에 미치는 영향은 무엇인가?

한 시인이 발행인과 상담하기 바로 직전이다. 이 시인은 발행인이 자기 시에 대해 감명받지 못할까 봐 걱정한다. 그는 약속 장소에 나가기 전에, 자기 책상에 앉아서 원고를 앞에 펼쳐 놓고 눈을 감고 긴장을 푼다. 상상 속에서 시인은 발행인과 마주앉는다. 모든 반론을 차례로 듣고 적절한 대답을 생각한다. 그리고 그는 일어나서 작품을 들고 발행인에게 간다. 그의 시는 출판되었고, 현재까지도 여전히 유명하다. 그의 책 표지에서 당신은 그의 이름을 찾아낸다. 요한 볼프강 폰 괴테(Johann Wolfgang von Goethe).

또 다른 예가 있다.

중요한 대회에서 한 프로 골프 선수가 공 뒤에 서서 정신을 집중하고 공과 타깃을 바라본다. 라운드에서 여러 번 그를 본다면, 그가 어떤 특정한 리듬을 타고 있다는 것을 알아차릴 수 있을 것이다. 정확히 그가 무엇을 하고 있었던 것일까? 그는 머릿속에서 자기가 어떻게 스윙을 하고, 어떻게 임팩트하고, 어떻게 팔로우 스윙을 할까를 생각한다. 그러면서 공이 임팩트되고, 이상적으로 타깃을 향해 날아가서, 착지하고 굴러가 멈추는 모습을 상상한다. 그것은 한동안 지속되고, 날아가는 시간은 어느 정도 걸린다. 상상에서 날아가는 시간과 실제 날아가는 시간이 거의 차이가 나지 않을 것이다.

▌영화 엔딩 기술

좋아하는 영화를 두 번 본 경험이 있는가? 두 번째 볼 때는 영화의 끝이 어떤지를 알고 있어서 처음과는 다른 시각으로 보았을 것이다. 이 효과를 유익하게 이용해 보자.

사고력 활용하기　오성(悟性, 사고능력)과 이성은 인간의 한 부분만을 구성한다. 이 부분만을 사용한다면 인간의 많은 능력들은 활용되지 못하게 된다. 대부분의 사람들은 단지 오성의 능력만을 이용한다. 몇몇 사람은 역시 잠재의식의 이성적 힘도 이용한다. 아주 적은 그러나 아주 성공적인 사람들은 사고의 정신적-영적 원인이 되는 힘을 사용한다. 그렇게 함으로써 이 사람들은 새로운 해결책을 찾고, 직관과 공상에 대한 기대 밖의 원천을 알게 된다. 이 길은 새로운 것이 아니다. 많은 위대한 인물들이 그 길을 걸어갔다. 그래서 창조적인 현저한 업적들이 생겼다. 이 사람들은 매혹적인 원천에 접근하고 그 원천을 신뢰해서 특별한 업적을 달성할 용기가 있었던 것이다.

비전을 가진 사람은 아직 있지도 않은 그 무엇이 어떻게 있어야 하는지 명백한 상상력을 가지고 있다.

"미국인은 10년 이내에 달을 밟을 것이다." 존 F. 케네디가 비전을 선언했을 때 격론이 일어났다. 몇 명의 학자들은 가까운 시일 안에 달에 도달하는 것은 불가능하다고 생각했다. 다른 학자들은 비전을 수용했고 몇 가지의 세부 사항들만 설명된다면 달나라 여행은 현실적이라는 생각을 지지했다. 지금 우리는 결과를 알고 있다. 비전은 정상적으로 작동했다.

많은 기술 혁신과 새로운 제품들이 비전, 즉 불가능한 것을 실현하기 위해 개발되었다는 것을 알고 있다. 오늘날 우리는 이 업적의 덕을 보고 있다.

비전 – 내일의 현실

▌비전이 열쇠다

목표 달성을 어떻게 가시화해서 상상할 수 있고, 목표 달성이 어떤 영향을 미치는가에 대해 생각하려고 한다.

'신념은 산도 옮길 수 있다'는 말이 있다. 바로 이 문장의 내용이 관심 대상이다. 목표 달성을 위해서는 이는 가시적으로 그리고 입체적으로 상상할 수 있어야 한다. 가시적으로 상상할 수 있다면 목표를 훨씬 더 잘 이해할 수 있을 것이다. 가시화하면 할수록 관련성이 더 쉽게 이해된다. 이 효과적이고 창조적인 방법으로 문제를 성공적으로 해결할 수 있으며 자신의 목표도 이룰 수 있다. 새로운 목표를 설정하고 싶다면 이 기술(목표를 가시화하는)을 사용하라.

당신의 영화를 상영하라　당신은 스포츠나 비즈니스에서 성공하기 위해 어떻게 해야 하는가? 아주 훌륭한 판매 상담이란 어떤 것을 말하는가? 사회적 참여를 통해 칭찬받는 당신의 모든 모습을 담은 영화를 본다. 감독은 자기 자신이다! 자신이 영화를 촬영한다고 상상한다. 촬영 소음을 듣고 모든 일들이 어떻게 느껴지는지 감지하고 맛본다.

당신이 어떻게 대화를 이끌어 나가는지 상상한다. 자신의 건강 증진을 위해 무엇을 하는지 스스로 생각해 본다. 당신에게는 본보기가 있는가? 없다면 본보기 하나를 찾아 자신의 행동을 비춰 본다. 머릿속의 본보기를 따라 자신도 행동한다. 이렇게 당신은 비전이 실현되는 초석을 놓은 것이다.

인도하는 별　당신은 영상화 기술을 성공에 응용할 수 있을 뿐만 아니라, 자신의 비전(비즈니스나 다른 생활을 위한)을 발전시키는 데에도 이용할 수 있다. 비전은 설정해 놓았던 목표 위에 있다. 다시 말하면 인생에 대한 목표의 방향성으로써 하나의 인도하는 별과 같다.

어떤 조건하에서 영상화의 조건을 극대화시킬 수 있는가?   영상화 효과

- 조용하고 바뀌지 않는 환경
- 정신의 안정과 몸의 긴장 완화
- 방해되는 느낌, 생각, 소망 제거
- 컬러 영상화
- 가능한 많은 세부 사항 영상화
- 오감 이용(시각 · 청각 · 후각 · 미각 · 촉각)
- 정기적인 사용과 연습

영상화는 이미지, 감정, 냄새 그리고 소음으로 표현된 사고이며 습득할 수 있는 능력이다. 

영상화가 신체 기능에 미치는 영향

특히 스포츠에서 영상화는 다른 중요한 기능이 있다. 특정한 움직임을 어떻게 행하는지 그림으로 상상하면, 해당 근육은 상상의 움직임에 따라서 최소로 반응한다(뛰어난 효과, 무의식적으로 수행되는 원칙). 상상함으로써 신호가 신경 체계를 통해 근육에 전달된다. 뇌가 행동에 미치는 작용에 대해서는 제2홀에   영상화로 나타나는
근육의 반응

서 설명했다.

바이오피드백　에드먼드 야곱센(Edmund Jacobsen) 박사는 실제로 일정한 근육의 수축과 이완을 하지 않고도 영상화를 통해 같은 효과를 낼 수 있다는 것을 밝혀냈다. 게다가 혈압, 맥박, 체온과 같은 이른바 무의식적인 신체 기능에 영향을 미치는 것은 바이오피드백(biofeedback) 덕분에 가능한 것이다.

이 기법을 완벽하게 사용하는 인도의 요가를 생각해 보자. 최소한의 근육 운동이 특히 골프에서 상당한 효과를 내고 있다. 우리가 샷을 한 거리가 약 200m라면, 이미 몇 미터 정도는 골프공이 빗나가 있다는 것이다.

▌성공이 우리에게 어떻게 오는가

우리는 그러한 방법을 사용해 성공하려고 노력한다. 영상화 훈련을 하면 상상했던 것과 똑같은 현상들이 자주 발생해 놀라게 된다. "예전에 이런 일을 경험했던 것 같다."라고 말하는 현상이 생기게 된다. 당신에게 중요한 상황을 무의식적으로나 아니면 의식적으로 미리 체험한 것이다.

다음과 같은 연습을 통해 영상화 기술을 의식적으로 훈련할 수 있다.

> **연습 : 내면 여행하기**
>
> 눈을 감고 편안히 앉아서 긴장을 푼다.
>
> 당신이 그동안 꿈꿔 온 자동차를 상상한다. 자동차 상표는 무엇인가? 색깔은 어떤 것인가? 자동차 옆에 서 있는 자신을 생각해 본다. 자동차 주위를 돌면서 자세히 구경한다. 운전석 문을 열고 운전석에 앉는다. 자동차 안을 둘러본다. 좌석의 촉감은 어떤가? 좌석은 어떤 자재로 만들어져 있는가? 자동차는 어떻게 꾸며져 있는가? 자동차에서 어떤 특정한 냄새가 나는가? 아니면 다른 냄새가 나는가? 라디오를 켜 본다. 당신의 애창곡이 나오는가? 들리는 다른 소리에서 당신이 알고 있는 것은 무엇인가? 모든 것을 만끽했다면, 천천히 현실로 돌아온다. 기지개를 켜고 눈을 뜬다.

"이야! 자동차를 타는 사람이 정말 남자답다."라고 당신은 말한다. 자동차를 타는 것을 상상하고 싶지 않을 때는 아름다운 휴가나 그림 같은 집을 선택해 보라. 당신은 영상화하는 동안 제시한 문제를 이처럼 간단히 바꾸어 표현할 수 있다.

당신은 방금 짧은 비전 여행을 마쳤다. 자신의 상황(사생활·스포츠·비즈니스)을 상상하고 싶다면 똑같은 방법을 사용한다.

당신은 자신의 영화에서 주연 배우다. 자신의 역할에 충실하도록 한다!

긍정적으로 자신을 프로그래밍하기

밤중에 당신의 생각을 긍정적인 영상으로 프로그래밍하라. 왜냐하면 단지 그 생각이 성공적인 인간을 만들기 때문이다. 그리고 당신이 행한 모든 것에 대해 긍정적인 생각을 갖는다. 골프 대회 승리를 원하든, 성공적인 판매 상담을 원하든, 프레젠테이션에서 상대를 설득하려고 하든 신체적·정신적으로 좋은 상태여야 하고, 승리 즉 성공을 바라야만 한다. 스스로 성공의 기회를 갖는다. 승리, 성공의 이미지를 감각과 가치로 일치시키려 노력한다. 하지만 유감스럽게도 많은 사람들이 실패하고 있다. 그들은 자신을 성공한 것으로 간주할 수 없거나 상상할 수 없기 때문이다.

골프의 영상화

공 옆에 서서 공이 필드 밖 오른쪽으로 날아가는 것을 상상할 수 있다면, 그렇게 될 확률이 클 것이다. 생각이 몸의 움직임과 스윙에 지대한 영향을 주기 때문이다. 공이 왼쪽으로 강하게 날아가리라고 생각하면 공은 그대로 움직일 것이다. 움직임에 대한 생각이 근육의 반응을 불러일으켜서 공의 비행 경로에도 영향을 미친다는 것을 경험했다. 자신이 바라던 페어웨이의 중간에 안착하는 샷을 하기 위해서는 스윙 운동과 공의 비행을 영상화하도록 해야 한다. 준비 – 스윙 – 공의 비행 – 결과. 이때 공이 원하던 위치에 떨어지는 것을 상상한다. 샷을 하는 동안에도 상상의 카메라로 타깃에서 눈을 떼지 않도록 주의한다. 그러나 '좋지 않은 생각' 이 겹친다면, 샷을 멈추고 다시 준비한다.

연습 : 상상의 라운드

골프 연습장에서 상상의 라운드를 한다. 티샷부터 그린 위까지
모든 샷을 한다. 이때 나올 수 있는 모든 실수를 고려한다. 새로운
상황이 발생하면, 솔직하고 진지하게 새로운 상황을 받아들이고
이 상황에서부터 경기를 계속한다.

당신이 많은 상황(판매 상담·교섭·직원 대화·프레젠테이션 또
는 생각에 대한 대화)을 사전에 영상화한다면, 더욱 성공적으로
끝날 것이다. 이미 많은 고객을 통해 경험했다. 우리가 사전에
상황을 영상화했다면 영상화하지 않았을 때보다 결과가 훨씬
더 좋을 것이다. 이때 자신감도 높아진다.

비즈니스에서 영상화

연습 : 중요한 비즈니스 상황을 영상화하기

중요한 대화나 프레젠테이션을 하기 전에 용기를 내어 적어도 10
분 정도 영상화를 통해 긴장 완화 상태를 만들도록 한다. 그리고
당신을 방해하지 않는 장소로 간다. '저 사람은 자주 혼자 우두커
니 있다'는 인상을 줄지도 모르므로 사무실에서는 하지 않는다.

이 밖에도 프로 세일즈맨들은 대화나 상담 전에 차 안에서 다
음 인도일과 인도일의 마지막을 영상화하는 시간을 짧게 갖는
다. 당신이 대화나 골프 샷을 할 때는 물론 결과도 항상 영상화
한다.

> **연습 : 시선 안에 목표 두기**
>
> 눈을 감고 산책을 시작한다. 팔을 앞으로 뻗고 출발한다. 얼마나 멀리 갈 수 있는가? 당신은 주변의 이미지를 기억하는 만큼 멀리 가려고 할 것이다. 이 한계를 넘어선다면 당신은 미지의 지역에 발을 들여놓기 때문에 어디로 가야 할지 더 이상 알지 못한다.

목표가 길을 알려 준다

길은 목표와 함께 있다. 우리가 목표를 상상하지 못한다면, 어디로 가야 하는지도 모른다. 그러나 하늘에 길을 인도하는 별이 있다면, 때때로 도중에 우회로가 있음에도 불구하고 어떤 길을 선택해야 하는가를 알게 된다.

체크 리스트

- 정확한 목표를 어떻게 표현할 수 있는가?
- 누가 그 일에 관여하고 있는가?
- 누가 무엇을 말하고 당신은 그 질문에 어떻게 대답하는가?
- 목표를 달성했다는 것을 어떻게 느끼는가?
- 이때 당신이 듣고 있는 것은 무엇인가?
- 당신이 보고 있는 것은 무엇인가?
- 당신이 냄새를 맡고 있는 것은 무엇인가?
- 당신이 맛본 것은 무엇인가?
- 목표 달성이 당신에게 어떤 영향을 미치는가?
- 당신은 어떤 시점에서 목표를 달성했는가?
- 당신은 성공을 평가할 수 있는가?
- 당신을 목표에 도달하게 한 방법들은 어떤 것인가?

7.
동기 부여
– 동기와, 동기 부여 경로

> "동기 부여는 자전거를 탈 때 뒤에서 불어오는 바람[後風]과 같다."
>
> — 헤르만 람 Hermann Lahm, 독일의 잠언 작가

이번 홀에서 배워야 할 것

- 동기 부여는 어디에서 일어나는가?
- 인간적 욕구를 가지고 어떻게 일을 할 수 있는가?
- 동기 부여 경로를 통해서 자신과 다른 사람에게 어떻게 동기를 부여할 수 있는가?

골프 경기자는 풀 스윙하겠다는 마음과 용기로 강하게 동기 부여가 되어서 티샷을 시작한다. 그는 정교하게 연습 스윙을 한다. 적어도 250m를 샷 하고자 한다는 것을 신체 언어로 알 수 있다. 그는 손을 높이 쳐들고 맹렬한 기세로 샷을 하고 공이 날아가는 것을 관찰하기 위해서 눈을 크게 뜬다. 그러나 웬일인가? 유감스럽게도 클럽이 공 위쪽을 너무 약하게 스쳐서 단지 몇 미터만 굴러가고 말았다. 당신도 이런 경험이 있는가?

지나친
동기 부여는
해롭다

좀 느슨하게 동기가 부여되어 출발한다면 그것이 분명히 도움이 될 것이다. 그러나 정도가 심한 과도한 동기 부여는 반대 결과를 가져올 수 있다.

▎어떻게 목표를 달성할 수 있는가?

어느 기업체 부장이 자신이 받는 월급으로 가족을 잘 부양할 수 있다. 게다가 매달 약간의 돈이 여유가 생긴다. 그는 요트를 사고 싶어 한다. 요트에서 휴식과 평안을 누리며 여가의 일부를 보내고 싶어 한다. 하지만 그렇게 크게 투자를 하기에는 돈이 부족하다. 어떻게 해야 할까? 그가 목표를 지향하면서 행동한다면 다음과 같이 행동할 것이다. 즉 그는 회사에서 더 많은 시간을 보내려 하고 생산적인 제안을 하려고 할 것이다. 그러한 행동이 언젠가는 임원들의 주목을 끌 것이다. 따라서 다음 승진과 그에 따른 월급 인상은 단지 시간 문제다. 결국 그는 인상된 월급으로 자신의 소망을 실현할 수 있을 것이다.

목표는 동기다

당신이 목표를 설정했다면 목표에 따라 자신의 행동을 조정하려고 할 것이다. 그런데 무엇 때문에 자신의 행동을 조정하려고 하는가? 당신에게 동기가 있기 때문이다! 당신의 내면에 내적 충동을 일으키는 동기 부여 근거가 있다.

**동기 부여는
어디에서
생기는가**

우리는 부족함을 해소하는 데 필요한 에너지를 동기 부여에서 받는다. 이 부족함을 우리는 욕구라고 부른다. 다시 말해 욕구 충족을 위해 우리는 실행한다. 앞에서 설명한 예에서 부장의 욕구는 요트에서 휴식과 긴장 완화를 찾는 것이다. 이 소망 때문에 동기가 생기는 것이다. 내 욕구를 충족시키기 위해서 나는 돈을 충분히 벌려고 한다.

이 과정을 더 정확하게 이해하도록 하자. 부족함 때문에 우리의 마음에서 욕구가 일어난다. 그리고 그 욕구는 동기를 불러일으킨다. 특정한 동기는 목표를 뚜렷하게 설정하고 실행하기 위해 에너지(동기 부여)를 부여한다. 결국 우리는 특정한 행동을 취하게 된다.

이런 식으로 우리는 목표를 달성하고 만족하며 행복해 할 것이다. 우리는 성공을 이룬 것이다. 이 책은 정확히 이 성공 과정을 다룬다.

$$\text{욕구} \rightarrow \text{동기} \rightarrow \text{행동} \rightarrow \text{목표}$$

인간의 욕구

의식(衣食)은 확실히 인간의 생존 욕구다. 생존 욕구를 제외한다면 모두 영어의 P로 시작하는 4가지 기본 욕구가 있다. 모든 욕구는 4가지로 정리할 수 있다.

4가지 기본 욕구
(4P)

자존심(Pride)

자부심, 인정(認定), 이미지, 존경, 자동차, 경력, 골프 클럽, 좋은 성과, 경기 승리…….

이득(Profit)

상금, 복지, 저축, 골프장에 있는 가게, 매상, 이자, 더 많은 시간…….

즐거움(Pleasure)

농담, 만족, 향유, 행복, 기쁨, 취미, 감정의 지각, 자연스러운 학습 과정, 아름다운 자연, 친절한 사회…….

평화(Peace)

휴식, 평화, 긴장 완화, 안전, 건강, 자신, 정신 집중, 침착, 충만…….

연습 : 당신의 욕구

당신이 골프를 칠 때 어떤 욕구를 충족시키는가?

....

....

당신은 비즈니스에서 어떤 욕구를 충족시키는가?

....

....

당신은 고객 · 비즈니스 파트너 · 직원들에게서 어떤 욕구를 충족시키는가?

....

....

당신이 마케팅이나 판매 관련 일을 할 경우, 4가지 욕구의 의미를 두루 섭렵하고 생산품이나 공급물의 특징과 효용에 적절한 개념을 파악해야 한다. 파악한 개념을 광고나 대화에서 사용해 보자. 텔레비전 광고에 주의를 기울여 보면, 감명 깊은 대부분의 광고가 4가지의 기본 욕구를 다루고 있다는 것을 확인할 수 있다. 이 욕구 중에서 몇 가지를 배합하는 것이 가장 좋다.

**판매 전문가를
위한 힌트**

동기와 동기 부여 근거

어떤 것을 달성하고자 하는 동인(動因)들이 어디에서 나타나는지를 당신은 지금 알고 있다. 대부분을 알고 있다고 해도 근거를 다시 한 번 설명하는 것은 잘못이 아니다.

'동기'라는 단어에서 '동기 부여'라는 단어를 파생시킬 수 있다. 동기 부여는 목표 달성을 위해 필요한 에너지를 제공한다. 우리가 다른 사람에게 동기를 부여하려고 하거나 동기를 부여해야만 한다면 어떻게 해야 할까? 모든 사람은 자신이 충족시키려는 다양한 욕구에서 동기를 부여받는다. 그렇다고 자신의 동기 부여를 다른 사람들에게 전가시킬 수 있다고 생각해서는 안 된다.

자신부터 시작해 보자. 그리고 자신의 동기 부여 근거를 규명하려고 노력하라.

연습 : 동기 부여

당신이 특별나게 성공했던 3가지 상황을 상상한다. 음악이 긴장을 푸는 데 도움이 될 수 있다. 그리고 영상화된 상황을 항목별로 기록한다. 당신의 행동에 책임이 있는 어떤 특별한 동인이 있는지 생각한다.

1. 상황

....

....

....

2. 상황

....

....

....

3. 상황

....

....

....

다음 2가지 질문에 바로 대답한다.

1. 인간은 무엇을 통해 동기를 부여받는가?

당신이 4가지 기본 욕구를 기술했을 때 이미 질문에 대한 대답은 나왔다. 사람은 욕구를 충족시킬 수 있다는 생각이 들 때, 동기 부여된 것으로 느낀다.

2. 인간은 어떤 경로에서 동기를 부여받는가?

자동차가 다니려면 길이 필요하듯이 동기 부여도 목표에 도달하기 위해서는 길이 필요하다. 인간은 각자 개성이 다르기 때문에 동기 부여되는 데도 자신의 길이 있다. 여기에서 '동기 부여 경로'에 대한 개념을 설명하려 한다. 어디에서 인간이 자기 자신이나 다른 사람들로부터 동기를 부여받을 수 있는가는 동기 부여 경로에서 나타나고 있다. 모든 인간은 최고의 성공 결과를 새롭게 체험할 수 있고, 자신의 동기 부여 경로를 결정할 수 있다. 얼마나 많은 다양한 가능성들이 있는지를 여기에서 확인하기를 바란다.

스스로 활동하기

당신은 주인공 역할을 하는 자신을 좋아한다. 직접 활동하기를 좋아하고, 성취에 대해 기뻐한다.

다른 사람 바라보기

다른 사람들이 어떻게 혁혁한 업적을 성취하는지 바라보는 것이 나에게 동기를 부여하게 된다. 이런 우상은 성공을 본받으려고 노력하는 나를 고무할 수 있다.

과거의 경험

이전에 거둔 성공에 대한 기억이 당신에게 에너지가 되며, 긍정적인 느낌을 마음으로 다시 체험하게 된다.

가능한 동기 부여 경로

미래에 대한 전망

미래의 가능성과 기회는 당신에게 용기를 북돋워 주고, 자극을
준다.

경기의 즐거움

동기 부여 경로
－ 경쟁

당신은 승리하고 싶어 한다. 그러나 경기에 출전하거나 다른
사람들과 경쟁한다면 당신은 어려움을 겪을 것이다. 하지만 최
고의 기록을 달성하고 싶어 한다.

홀로 전력 투구

당신은 황야에 있는 고독한 늑대처럼 비즈니스 분야를 헤매며
사명을 완수한다.

다른 사람들의 피드백

제3자의 역정보로 능력과 지구력을 유지한다. 인생의 반려자,
상관이나 동료들은 개인적이거나 사무적인 2가지 방법으로 건
설적 비판을 하거나 칭찬을 할 수 있다.

외부의 동기 부여

화창한 날씨, 제3자의 등장 또는 최상의 경기 조건 및 작업 조
건은 좋은 성과를 올리는 직접적인 원인이 된다.

팀 정신

동기 부여 경로
－ 팀

다른 사람들과 함께 무엇을 하고 나중에 성공을 함께 누리는
것이 최고이다.

골프에서 화창한 날씨와 좋은 경기 조건은 동기를 부여할 수 있다.

도전

장애물을 극복하고자 하는 당신의 공명심을 과제들이 불러일
으킨다.

준비

준비를 잘했기 때문에 어떤 방해도 받지 않고 성공은 미리 예
약되어 있음을 확신한다.

다른 사람들을 돕기

당신의 참여로 인해 다른 사람들이 동기 부여가 된다는 것이
마음 뿌듯하다.

연습 : 또 다른 동기 부여 경로

이 내용에서 자신의 동기 부여 경로를 찾을 수 없는가? 그렇다면 자신의 동기 부여 경로를 설정하라.

골프에서 당신의 동기 부여 경로?

어떤 상황이 동기를 부여하고 어떤 것이 반격을 의미하는지 스스로 찾아낸다. 골프에서 긍정적인 통로는 무엇인가? 한편으로는 유연하고 잘 적중된 샷일 것이고, 다른 한편으로는 청명한 날씨와 빛나는 햇볕이 될 것이다. 한 예로, 어떤 동료는 비가 오면 컨디션이 최고로 좋아진다고도 하고, 어떤 동료는 함께 골프를 치거나 뛰어난 기록을 내는 마음에 드는 사람을 찾기도 한다.

물론 경쟁에서 의미를 찾고자 대회에 참가하는 선수도 있다. 내기로 많은 돈을 잃은 내기꾼들, 성공적으로 라운드를 마친 다음에 받는 사례금, 또는 새 옷이나 갑자기 필요해진 드라이버를 바라는 사람들도 있다. 당신은 무엇을 필요로 하는가?

연습 : 앞의 연습 보완

좀전에 당신은 자신의 성공 상황 3가지를 기술했다. 이 결과에서 공통점을 찾아보자. 여러 가지 체험을 바탕으로 그때마다 동기 부여 경로를 찾아내려 노력해야 한다. 그리고 당신의 동기 부여 경로를 리스트와 비교해 본다. 당신의 가장 중요한 동기 부여 경로나 가장 중요한 2가지 동기 부여 경로를 찾지 못했다면, 또 다

> 른 성공 상황을 찾아야 한다.

이제 목표를 달성하도록 당신을 고무하는 것이 무엇인지 안다. 지금보다 더 많이 동기 부여를 받도록 동기 부여 경로를 사용해야 할 것이다.

과거에 사용했던 동기 요인들을 나열했다. 이제 당신은 확실한 성공 방안을 가지고 있다. 이 성공 방안은 골프에서 경험할 수 있는 어려운 상황(벙커, OB 등)을 극복하는 데에 도움이 될 것이다. 어려운 상황에 처했을 때 동기 부여 경로를 보강하고 새로운 에너지를 공급받기 위해 의식적으로 트레이닝 라운드에서 연습해야 한다.

개인적인 성공 방안

같은 근무 환경에 처해 있는 사람들에게 당신은 사업적으로 동기를 부여해야만 한다. 그러나 모든 사람이 동일한 방법으로 동기를 부여받을 수는 없다. 그러므로 당신은 이 모든 사람들에게 개별적으로 어떻게 동기를 부여할 수 있는가를 생각한다. 이때 동기 부여 경로의 리스트가 도움이 될 것이다. 이러한 인식을 바탕으로 당신은 각각의 직원을 위한 동기 부여 프로그램을 작성할 수 있다. 해당되는 사람들과 프로그램을 약속해야 한다. 그렇지 않으면 프로그램에 대해 비난을 받을지도 모른다.

다른 사람들에게 동기 부여하기

 당신의 욕구와 동기 부여 경로를 접하고 활용해서, 자신의 에너지 탱크에 구멍을 내어 에너지를 **빼낸다.**

"동기 부여는 머릿속에서 시작한다. 다른 장소에서 동기 부여를 찾고 있는 사람은 찾지 못할 것이다."

— 알렉산더 크리스티아니 Alexander Christiani, 최고의 승률을 자랑하는 트레이너

체크 리스트

- 당신의 욕구를 알고 있는가?
- 자신과 다른 사람에게 어떤 욕구를 충족시키는가?
- 자신의 동기 부여 경로를 편성한다.
- 특히 왜 특정한 일을 하는 것을 좋아하는지 생각한다.
- 자신의 에너지를 에너지 탱크를 통해서 보강한다.
- 개인적으로 사업상의 성공 고리를 주목한다. 욕구—동기—행동— 목표.

8. 올바르게 준비하기

> "행운을 야기하기 위해서는 많은 준비가 필요하다. 훌륭한 즉석 연설을 하기 위해서는 적어도 3주 정도가 필요하다."
>
> — 마크 트웨인 Mark Twain, 미국 작가

이번 홀에서 배워야 할 것

- 왜 준비를 잘하는 것이 절반 이상의 성공인가?
- 준비를 잘하기 위한 4단계란 무엇인가?
- 준비를 잘하는 것이 스트레스를 없애는 데 어떤 도움이 되는가?

❘ 성공을 위한 초석 놓기

우리가 과제, 활동, 다양한 목표를 잘 준비한다면, 성공을 위해 중요한 초석을 놓은 것이다. 적절한 준비는 골프뿐만 아니라 비즈니스에도 마찬가지로 유효하다. 준비를 잘하면 절반 이상의 성공을 얻을 수 있다. 준비는 의식적인 행동에 대한 관점뿐만 아니라, 많은 정신 훈련에 대한 면도 겸비하고 있다고 할 수 있다. 이 모든 기술을 목표에 알맞게 그리고 의식적으로 적절히 사용하여 올바른 준비를 위한 당신만의 방법을 찾도록 하라. 그리고 자신만의 준비 프로그램을 편성하라.

골프를 할 때 스트레스 상황을 없애기 위해 다음 샷에 집중하는 준비 단계에서 이른바 프리－샷－루틴을 도입해서 연습할 수 있다. 샷을 할 때의 목표는 항상 일관성을 유지하는 것이다. 샷을 하기 전의 과정은 언제나 동일하다는 것을 의미한다. 바람직한 프리－샷－루틴을 위한 기본 전제 조건은 다음과 같다.

- 정확하게 타깃을 겨누기
- 올바른 클럽의 선택
- 외부 환경의 평가와 지각
- 타깃을 영상화하기
- 공의 비행 경로
- 긍정적 반응이 있는 위치에서의 결심

개별적 진행이 개인적으로 어떻게 생각되는지를 스스로 알아내야 한다. 또한 프리－샷－루틴에 얼마나 많은 시간을 사용할 것인가도 고려한다. 물론 '중용이 만물의 척도'라는 말이 프리－샷－루틴에도 유효하다. 샷을 하기 전 너무 빠른 결정도 너무 느린 연습과 대기도 좋은 결과를 얻는 데 도움이 되지 않는다.

 체계적으로 준비해야 영속성이 생긴다.

연습 : 라운드를 위한 퍼트 – 준비

4개의 공을 약 30cm의 간격으로 한 줄로 늘어놓는다. 1~2m 떨어져 있는 타깃을 향해서 첫 번째 샷을 한 뒤 공이 굴러가는 방향을 보지 말고 바로 두 번째 샷을 한다. 두 번째 공이 첫 번째보다 더 멀리 굴러갔는지, 비슷하게 굴러갔는지, 더 가까운 곳에 굴러갔는지를 평가하고 점검한다. 나머지 공도 같은 방식으로 진행한다. 항상 첫 번째 퍼트와 거리에 대한 느낌을 비교한다. 방향에 대해서도 동일한 연습을 할 수 있다. 첫 번째 공은 무조건 목표로 간주되는 것이 아니라 거리와 방향에 대한 감각을 얻기 위해 다른 공을 평가하기 위한 기준으로 간주되어야만 한다.

긍정적인 반응 위치도 연습할 수 있다. 긍정적인 반응 위치는 어깨, 허리, 무릎, 발, 팔의 위치와의 관계로 정의될 수 있다. 이 복잡한 구성으로 안정성이 높아지는 것이다.

샷을 준비하기

연습 : 긍정적 반응 위치와 상태 – 샷 하기 위한 준비

공에 대한 다양한 위치를 충분히 시험해 본다. 공을 앞 · 뒤 · 좌 · 우로 놓는다. 타깃을 향해 발을 열거나 닫거나 한다. 다음 위치를 찾아낼 때까지 오랫동안 실험한다.

■ 몸이 편안한 위치

■ 자유롭게 스윙할 수 있는 위치

■ 안정감을 느끼는 위치

■ 타깃과 타깃 방향에 대한 느낌을 일치시키는 위치

긍정적 반응의 위치가 불규칙할 경우 잠재의식만으로도 타깃을 향해 직선 샷을 하도록 필요한 교정을 할 수 있다. 내면의 능력을 이렇게 신뢰한다면 훨씬 더 긴장이 풀려 자연스럽게 티샷을 할 수 있다.

안정성 찾아내기　좋은 긍정적 반응의 위치에서 안정성이 나타난다. 비유적인 의미에서도 거의 모든 생활에서 안정성이 필요하다.

연습 : 당신의 안정성

이 연습은 골프 경기자뿐만 아니라, 자신의 견고함을 훈련하고 싶은 모든 사람에게 적절하다. 동반자와 같이 연습할 수 있다.

통상적으로 서 있는 자세를 하고 동반자가 당신의 상체를 움직이게 하여 자세의 안정성을 시험한다. 당신은 몸 중심을 아래쪽으로 어떻게 이동시키는지 상상한다. 다시 동반자는 당신이 균형을 잃도록 힘을 가한다. 당신은 무엇을 느끼는가?

다양하게 나타나는 긍정적 반응의 자세를 충분히 시험해 본다. 결과가 그리 나쁘지 않다는 것을 알 수 있을 것이다. 비즈니스에서도 똑같이 몇 가지의 해결 가능성이 있다.

안정성은 균형과 밀접하게 관련되어 있다. 앞의 내용은 비즈니스에서도 우리의 입장과 영향력에 적용된다.

준비할 때 무엇에 관심을 기울여야 하는가?

체계적으로 준비하기 위해 4가지 요소를 구별해야 한다.　　　　4가지 준비 요소
- 연습하기
- 분석하기
- 영상화하기
- 정신 집중하기

준비를 잘하면 반 이상은 성공한 것이다! 

다음 체크 리스트를 보면 4가지 단계에 따라 잘 준비해야겠다는 자극을 받을 것이다. 첫 번째 체크 리스트는 스포츠 영역에 해당된다. 체크 리스트를 골프에 적합하게 조정했다. 두 번째 체크 리스트는 비즈니스 영역에 해당되어 판매를 예로 들었다. 분명 많은 부분을 비즈니스에 이용할 수 있거나 체크 리스트를 부분적으로 쉽게 바꿀 수 있다.

연습하기

- 드라이브
- 아이언샷
- 피치샷과 칩샷
- 다양한 샷
- 벙커샷
- 퍼트

분석하기

- 공의 위치
- 바람의 영향
- 지형 상황
- 타깃에 초점 맞추기
- 자신의 가능성 평가하기
- 위험 피하기
- 적절한 클럽 선택
- 적절한 장비

영상화하기

- 자신의 샷 동작
- 타깃
- 공의 비행
- 샷을 하기 위한 내면의 준비

정신 집중하기

- ■ 침착하게 다루기

- ■ 긍정적인 내면의 입장

- ■ 대기 자세

- ■ 자신감

- ■ 스윙 기술을 벗어난 생각

- ■ 현재의 생각

연습하기

- ■ 판매 상담 지도, 판매 기술

- ■ 클레임 처리, 가격 상담

- ■ 등장, 프레젠테이션 기술과 효과

- ■ 제품에 대한 지식

- ■ 융자 가능성

- ■ 마케팅 논의, 식별 표시

- ■ 하드웨어와 소프트웨어의 필요한 조작

- ■ 고객 자료의 작성과 정비

- ■ 사회적 권한과 감정적 지능의 구축

- ■ 긴장 완화 기술과 동기 부여 기술

분석하기

- ■ 나의 출발 상황이 어떤가?

- ■ 기업의 출발 여건은 어떤가?

- ■ 경쟁 여건은 어떠한가?

- ■ 경쟁의 산물은 무엇인가?

- ■ 경쟁의 가격－성과－관계는 어떤가?

체크 리스트 :

성공적 판매를

위한 바람직한

준비

- 경쟁은 어디에서 더 좋은가?

- 나의 제품은 VIP 고객에게 어떤 이득을 주는가?

- 나의 서비스 성과 중에 특히 고객의 관심을 끄는 것은 무엇인가?

- 고객에 대해 무엇을 알고 있는가?

- 왜 고객이 나에게 오는가?

- 고객은 어떤 생각을 가지고 오는가?

- 고객은 대화를 통해 무엇을 얻으려 하는가?

- 직원들 중에는 어떤 사람들이 포함되어 있는가?

- 고객의 기업에서 누가 결정권자인가?

- 배후에서 영향을 미치는 사람은 누구인가?

- 무엇을 달성하고자 하는가?

- 어떤 목표를 가지고 대화를 이끌어 가는가?

- 주관적이고 객관적인 영향들 중에 어떤 것을 고려해야만 하는가?

- 영향을 미칠 수 없는 외부 요인 중에 무엇을 고려해야만 하는가?

- 발전시키고 사용할 수 있는 전략에는 무엇이 있는가?

영상화하기

- 참가한 모든 사람들과 판매 상담 영화를 촬영한다. 출발을 포함하여 판매 상담 진행을 희망한 대로 상상한다.

  - 어떤 인물들이 참가하는가?

  - 무엇이, 어떻게 언급되는가?

  - 이 밖에 당신이 지각하고 있는 것은 무엇인가?

  - 언급되는 논증들 중에 당신이 고려하지 않은 논증은 무엇인가?

  - 당신은 질문에 어떻게 대답하는가?

  - 당신은 어떻게 대화를 주도(主導)하고 있는가?

  - 목표를 달성하기 위해서 어떻게 행동하는가?

– 당신이 목표를 달성했다면 무슨 일이 생길까?

정신 집중하기

- 조용히 호흡한다.

- 준비 단계에서 정신 집중을 연습한다.

- 긴장을 완화하고 편안한 상태를 유지한다.

- 확실한 자신감을 갖는다.

- 긍정적인 자세를 견지한다.

- 마음속의 의심을 시험하고 완전히 없앤다.

- 조망하도록 힘쓴다.

- 완비된 자료에 관심을 기울인다.

- 당신의 생각을 대화에 100% 집중한다.

- 말로 표현하지 않는 고객의 신호를 인식하기 위해 안테나를 편다.

- 행동을 준비한다.

- 대화를 머릿속으로 면밀히 검토한다.

9. 시간 관리

> "성공의 정점은 하고 싶은 일을 위해 시간을 사용하는 사치다."
>
> — 레온타인 프라이스 Mary Violet Leontyne Price, 미국 오페라 가수

이번 홀에서 배워야 할 것

- 바람직한 시간 관리가 당신에게 어떤 도움이 되는가?
- 알펜(ALPEN) 방법을 이용하여 어떻게 효율을 높일 수 있는가?
- 시간 관리와 파레토(Pareto)는 도전에 어떤 도움을 주는가?

기한을 지켜야 하는 부담이 증가한다

우리는 정신없이 바쁘게 서두르는 시기에 살고 있다. 더 많은 정보를 소화해야만 하고 더 많은 과제를 해결해야만 한다. 스케줄이 빡빡한 달력으로 인간의 중요도가 결정된다. 그리고 기한에 재촉 받으며 살고 있다. 프레젠테이션 기한, 미팅 기한, 박람회 기한, 프로젝트 배상 기한. 납세 신고와 미불 계산 등으로 무슨 일이 일어나는가? 우리 사회는 점점 더 조직화되고 있지만, 덕분에 우리의 자발성은 시달리고 있다. 전자 기기로 미래에 대한 준비는 잘하고 있지만, 우리가 현재를 전반적으로 향유할 수는 있는가? 우리는 항상 가고 싶어 하는 곳으로 가지만,

정말 가고 싶은 곳으로 가는 것일까?

누구나 마음대로 쓸 수 있는 시간을 효율적으로 나누어 사용해야 한다. 일일 계획표나 주간 계획표가 도움이 될 것이다. 지나가버린 시간에 대한 황망(慌忙)함을 강조해도 괜찮다. 처리할 수 있는 많은 일들을 더욱 함축성 있게 일일 계획표에 적어 놓아도 좋다.

위와 관련하여 알펜 방법이 유용할 수 있다. 알펜 방법은 총 5단계로 구성되어 있고 비교적 노력이 적게 든다.

알펜(ALPEN)
방법

1. 과제 편성하기

주말이 되면 다음 주에 해결하려고 하는 모든 일을 리스트에 기입한다. 서서히 리스트 작성에 익숙해지면 과제로 수집한 것들을 바로 구성해 볼 수 있다.

- 노동집약적이고 더 많은 시간을 요구하는 과제와 활동
- 비교적 짧은 시간에 처리될 수 있는 과제
- 전화 통화나 개인적 의사소통을 해야 하는 과제

2. 시간의 길이 재기

리스트의 모든 항목에 대해 당신은 얼마나 많은 시간이 필요할지 매일 또는 매주 평가한 뒤 합계 선을 그어 총 시간 수를 더한다. 당신이 다음 날 혹은 다음 주에 일하려는 시간이 아마 분명해질 것이다. 대부분의 사람들은 그날에, 그 주에 너무 많은 과제를 하려고 한다.

3. 완충 시간을 계획에 넣기

대화, 방해, 갑자기 발생하는 절박한 과제가 규칙적으로 계획된 하루를 뒤죽박죽으로 만든다. 현실적으로 당신은 노동 시간의 약 60%만 쓸 수 있다. 나머지 40%는 예기치 못한 자연발생적인 사건과 활동, 그리고 휴식에 쓸 완충 시간으로 남겨 두는 것이 좋다.

4. 결정 내리기와 우선순위 리스트 작성하기

분명히 일일 계획표와 주간 계획표에 있는 총 시간의 합계는 너무 높게 책정되어 있을 것이다. 거기에 완충 시간을 가산해 보면 하루 24시간이 부족할 것이다. 무엇을 줄일 수 있는지 잘 생각해야만 한다.

- 이른바 ABC 분석으로 과제에 특정한 우선순위를 부여할 수도 있다. 이때 목표를 이행하기 위해 어떤 활동을 먼저 할 것인가 잘 생각해야 한다. 아주 가치가 적은 과제들은 다른 날들에 할당하거나 다른 사람에게 위임하거나 혹은 즉시 생략한다.
- 합리화할 수 있는 또 다른 가능성을 찾아낸다. 어떤 특정한 과제가 처리되어야만 하는가? 왜 그런가? 시간을 절약하는 방법을 선택할 수 있는가?
- 목표와 욕구에 정신을 집중한다. 목표와 욕구를 달성하는 데에 어떤 활동이 가장 많이 도움이 되는가? 가장 중요한 과제를 우선 해결한다. 대체로 가장 절박한 과제가 가장 중요한 과제는 아니다.

5. 추가 검사

하루를 보내면서 한 주의 마지막 날에는 다음번에 무엇을 더 잘할 수 있는지를 곰곰이 생각해 보아야만 한다. 결과에 대한 피드백을 해서 성공적인 피드백을 받아들인다. 그리고 처리되지 않은 과제는 다음날로 넘긴다. 반복되는 과제는 어느 하루를 정해 우선순위 A로 설정할 수 있고, 과제가 저절로 해결되었다면 바로 삭제할 수 있다.

알펜 방법으로 18홀 전략에 대한 개인적인 훈련 계획도 작성할 수 있다. 더구나 개별적으로 긴장 완화 연습을 하루 일정에 넣을 수도 있다. 이렇게 사전에 연습한 다음 과제를 더욱 효과적으로 해결하기 위해 과제에 필요한 부분을 18홀 전략에서 발췌하여 하루 일정에 넣는다.

연습 : 시간 관리의 첫 번째 상태

15분 정도의 시간을 갖고 어제 하루를 다시 한 번 마음속으로 그려 본 다음 몇 가지 질문에 대답한다.

- 당신은 언제, 어떻게 일어났는가?
- 당신이 정말로 만족할 만한 활동은 언제 시작했는가?
- 그 사이에 어떤 방해와 휴식이 있었는가?
- 당신은 어떤 과제로 바쁘고, 어떤 과제로 덜 바빴는가?
- 당신의 리듬을 깨트린 방해와 오락에는 어떤 것이 있고, 그중에서 무엇을 좋아했는가?
- 정말 기뻤던 효과 높은 긴장 완화 단계와 정오 휴식에 무엇이 있었는가?

자신의 시간 관리 재점검하기

■ 당신은 얼마나 오랫동안 일했는가?

■ 일을 마친 다음 무엇을 했는가?

■ 당신은 하루를 어떻게 간단하게 요약할 수 있는가?

■ 자유 시간에 무엇을 했는가?

■ 오늘이 다시 한 번 온다면, 특별히 무엇을 하고 싶은가?

■ 당신은 이런 질문의 대답에서 무엇을 배울 수 있는가?

▌당신이 하고 있는 일의 효율성

**파레토(Pareto)
원리**

"내가 적은 비용으로 어떻게 더 많은 것을 달성할 수 있는가?" 라고 자주 자문하는 이유는 인생을 즐기고 싶고, 그리고 약간의 짬을 내고자 하기 때문이다. 이탈리아의 경제학자인 빌프레도 파레토(Vilfredo Pareto)는 창조적 아이디어를 투입하면 많은 활동에서 큰 노력 없이도 20%의 비용으로 80%의 수익이 달성될 수 있다는 것을 밝혀냈다. 예를 들어 당신이 새로운 스포츠 종목을 배워야 하거나, 또는 모르는 영역을 익혀야 할 때, 처음에는 80%의 비용으로 약 20%의 수익만을 얻을 것이다. 하지만 계속 연습하고 훈련하고 배워 나가면 곧 50%의 비용으로 50%의 수익을 얻을 것이다. 이것이 학습 과정 내에서 당신이 얻는 효율성이다. 당신은 노동, 시간, 생각 또는 돈을 투자했고, 대가로 이자가 생겼다. 따라서 본질적인 것에 대해 더욱 명백한 식견을 얻은 것이다. 곧 20%의 비용으로 80%의 성공을 달성할 수 있을 것이다.

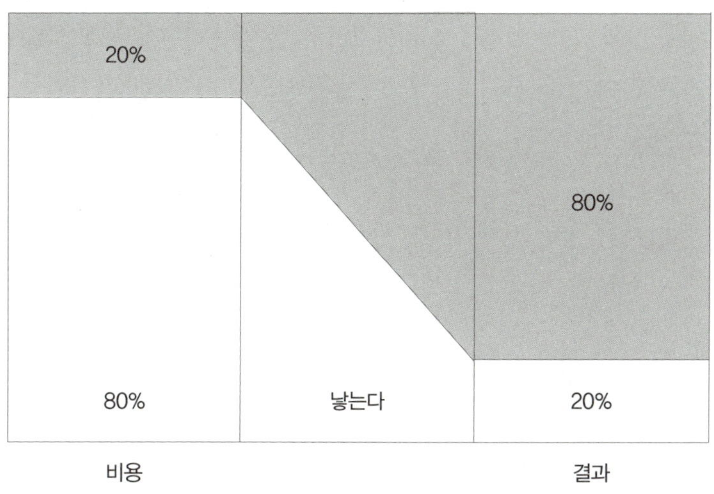

파레토 원리

이 효율성을 비즈니스, 스포츠 그리고 사생활에서도 관찰할 수 있다. 물론 이 책에 기술된 멘탈 성공 기술도 이 효율성에 속한다. "골프는 80% 이상까지 머릿속에서 이루어진다."라는 말을 자주 듣는다. 여기서도 파레토 원리의 효율성이 있다. 유감스럽게도 다른 모든 것은 성공의 20%에 해당되는 것이다.

■ 책상에서 하는 일의 20%가 성공의 80%를 야기(惹起)한다.
■ 논의 시간의 20%는 결정의 80%를 실현한다.

미래에 더 적게 일하고 더 많은 시간을 골프장에서 보내기 위해 파레토 원리의 효과를 거기에 적용할 수 있다. 더 많은 노력을 기울이지 않고도 더 적은 시간에 더욱 효율적으로 일할 수 있기 때문에, 다른 일을 하는 데 즉 자신의 인격을 개발하는 데 더 많은 시간을 가질 수 있다. 당신은 80%의 활동에 들어가는

1% 투입

5% 더 좋은 결과

비용을 받고 그 일부를 20%의 활동에 투자하자. 단 1%가 5%의 결과를 야기할지도 모른다. 이것은 시도해 볼 만한 가치가 있는 것이 아닌가?

한 남자가 임종 시에 "나는 사무실에서 더 많은 시간을 보내기를 바랐는데."라고 말했다는 것을 아무도 잘 알지 못한다.

당신은 한 번쯤 성공과 성취의 차이점을 생각해 보아야 한다. 활동에서 성취를 얻는가? 성공과 성취는 철두철미하게 서로 어울리기 때문에, 공통점을 적극적으로 구성해야 한다.

경기 전 시간 관리

평소에 하는 대로 대회에 임해서도 그렇게 하길 바란다. 잠들기 전에 한두 잔의 술을 마시는 것이 익숙하다면 그렇게 하라. 당신이 항상 밤 12시에 잠자리에 든다면 평소보다 일찍 침대에 누워 몸을 뒤척일 필요가 없다. 항상 먹는 음식을 같은 시간에 먹어라. 다음 날 있을 경기로 머리가 복잡하다면 익숙해진 행동에서 벗어나 혼란을 일으킬 필요가 없다.

경기 바로 직전에　경기장에 도착하자마자 평소처럼 워밍업을 한다. 옷도 여느 때와 똑같이 입는다. 평소 라운드 전에 항상 20개 정도의 공을 샷한다면, 그렇게 한다. 한 양동이 가득 차 있는 공도 이 자리에서는 더 이상 당신에게 도움이 되지 않을 것이다.

그러나 골프 경기에서 시간 관리는 결코 멈추지 말아야 한다. 갤러리들이 격려하는 플랜 카드나 응원 메시지에 신경 쓸 필요가 없다. 스윙을 하는 시간 배분이 중요하다. 이때 리듬과 템포가 중요하다. 다음 연습이 당신에게 도움이 된다.

연습 : 타이밍

리듬 연습

10개의 공을 집어서 약 10cm 간격을 두고 일렬로 차례차례 티 위에 올려놓는다. 그리고 3초마다 샷 한다. 이때 리듬에 대한 느낌을 가지려고 노력한다.

스윙 리듬을 느낀다

스스로 쉽게 리듬을 느낄 수 있다. 다른 사람들이 언급한 리듬을 익힐 필요가 없다. 자신의 리듬을 찾아내고 연습하여 익힌다. 그렇게 함으로써 당신은 자신의 스윙을 신뢰하게 된다.

지각, 리듬 그리고 타이밍의 결합

당신은 클럽 헤드에 지각과 정신을 집중해야 한다고 배웠기 때문에, 리듬에 대한 느낌을 얻기 위해 지금 연습해도 된다. 이 연습은 리듬을 방해하는 기분 나쁜 생각과 영향을 감소시키기에 좋다. 백스윙을 시작할 때 마음속으로 '1'을 센다. 백스윙이 끝나서 클럽 헤드가 스윙한 원의 가장 바깥 점에 있다면 '2'를 센다. 임팩트 순간에 '3'이라고 말한다. 그리고 스윙을 끝냈다면 '4'를 센다. 이때 당신은 클럽 헤드에 대한 느낌에 계속 정신 집중을 해야 한다. 그렇지 않으면, 당신이 센 숫자(1, 2, 3, 4)는 시소한 명령에

샷을 할 때 의식적으로 리듬을 지각한다. 결과는 그렇게 중요하지 않다.

지나지 않는다. 이렇게 되면 스윙에 대한 느낌이 없어져서 스윙은 토막 나고 경직된다. 특히 숫자 세는 것과 동작이 일치한다는 사실을 특히 주의해야 한다. 숫자를 세는 것과 동작이 동시에 이루어지지 않는다면, 초점 맞추기가 더욱 약화되고 있고 통제의 영향이 더욱 강화되고 있음을 나타낸다.

이것은 자연스러운 리듬과 템포를 관찰하기에 아주 적절한 연습이다. 경기를 진행하는 동안에 당신의 의식에 초점을 맞추고 생각을 분명하게 유지하기 위해 사용해도 괜찮다. 그렇다고 앞으로 성공에 대한 책임을 숫자 헤아림에 돌려서는 안 된다. 스윙과 타이밍에 정신 집중하는 것을 개선시키는 데 단지 도움이 될 뿐이다.

휴식 시간과 취미 시간을 더 많이 가지기 위해 자문한다.   **체크 리스트**

■ 무엇 때문에 도대체 이 연습을 해야만 하는가?

– 리스트 중에서 덜 중요한 것에 줄을 친다.

■ 무엇 때문에 바로 내가 이 연습을 해야만 하는가?

– 다른 사람들은 당신이 생각하는 것보다 더 많은 것을 할 수 있다.
그러면 다른 사람에게 위임한다.

■ 무엇 때문에 바로 지금 내가 이 연습을 해야만 하는가?

– 과제를 해결하기 위한 가장 적절한 시점이 지금이 아니라면, 새 기
한을 정하자.

■ 무엇 때문에 그렇게 연습해야만 하는가?

– 많은 사람들이 원리에 따라 일을 한다. 번거롭다면 무엇 때문에 서
둘러 이 연습을 해야만 하는가? 당신은 노동 조직에서 새로운 아
이디어를 제안할 용기가 있는가?

10. 잠재의식과 내면의 생각

> "일을 달성할 수 없기 때문에, 일을 감행하지 않는 것이 아니라,
> 감행하지 않기 때문에 일을 달성할 수 없는 것이다."
>
> — 세네카 Seneca, Lucius Annaeus, 로마의 정치가이자 철학자

이번 홀에서 배워야 할 것

- 다양한 사람들이 동일한 재능을 가지고 있음에도 불구하고 무엇 때문에 서로 다른 성과를 올리는가?
- 실현되고 있는 예언을 자신에게 어떻게 이용할 수 있는가?
- 잠재의식의 힘이 이렇게 큰 이유는 무엇 때문인가?

두 사람이 동일한 것을 행(판매)한다면

한 회사에서 두 판매원이 같은 날 같은 제품을 팔려고 한다. 두 사람 모두 같은 날 반출하지만, 한 판매원이 훨씬 더 성공적이다. 두 판매원의 차이는 고객의 거절을 어떻게 다루느냐 하는 것이다. 한 판매원의 경우 경쟁 회사의 제품이 훨씬 더 좋고 자신의 제품은 너무 비싸다는 생각을 가지고 판매를 한다. 그렇기 때문에 이

런 조건으로 그 판매원은 경쟁에서 밀릴 수밖에 없다.

같은 제품을 가지고 있는 다른 판매원은 고객의 거절에 대해 다음과 같이 설명하고 있다. "그게 뭐 어때? 고객의 기분이 그다지 좋지가 않다. 다음번에는 고객의 기분을 풀어 줄 것이고, 그에게 근사한 이야기를 해 줄 것이다. 나는 모든 상담에서 성공할 수만은 없다. 모든 경험과 통계학이 그 사실을 말해 주고 있다."

성공에 관해 연구하는 사람들은 이 현상을 연구해서 2가지 모형들을 찾아냈다. 타고난 승자와 타고난 패자는 근본적인 세 가지 점으로 구별된다.

타고난 승자,
타고난 패자

1. 지속성

염세주의자에게 부정적인 현상은 지속적으로 나타난다. 부정적인 현상에 반하여 어떤 것을 행하는 것은 도움이 되지 않는다. 어쨌든 아무것도 변화시킬 수 없다.

낙천주의자는 부정적인 일을 시간적으로 그리고 공간적으로 제한되어 있다고 간주한다. 그리고 내일 모든 것이 훨씬 더 잘될 거라고 믿고 있다. 긍정적 생각이 낙천주의자를 더욱 성공하게 한다.

2. 활동 범위

승자는 자신이 주변 환경에 영향을 미칠 수 있다는 것을 확신하고 있다. 따라서 그는 자주 나타나는 부정적인 상태를 변화시키려고 시도한다. 이에 반해서 염세주의자는 터널 끝에 있는 불빛을 보지도 못하고 스스로 확신하는 자신의 슬픈 운명에 순응한다.

3. 당황

염세주의자는 슬픈 운명에 대해 아무것도 할 수 없지만, 패자는 실패 자체에 대한 책임을 진다. 승자는 정확히 반대로 행동한다. 승자는 승리에 절대적으로 어떤 기여도 하지 않았지만 승리에 대해 책임감을 느낀다. 다른 요인도 패배에 영향을 주었을 것이다.

핵심 능력에
초점 맞추기

이 현상들은 무엇으로 설명할 수 있는가? 전문 자격, 지도 자격, 성취 능력 또는 비즈니스 경험과 같은 핵심 능력 때문에 인간이 사적으로나 비즈니스적으로 성공할 수 있다고 이제까지 믿었다. 수십 년 동안 입사 지원(志願) 상담에서 이 능력이 판단 기준으로 사용되어 왔다. 그렇지만 이 기준에 따라 일방적으로 제한하는 것은 잘못된 것으로 밝혀졌다. 물론 많은 인사 책임자는 이 관점으로 성공적인 사람을 찾아낼 수 있다고 오늘도 여전히 믿고 있다.

속성

미국의 심리학 교수인 마틴 셀리그만(Martin Seligmann)은 무엇이 성공한 사람을 그렇게 성공적으로 만드는지를 25년 넘게 연구했다. 그는 인간이 자신의 체험, 성공 그리고 실패를 설명하는 설명 모형, 즉 소위 속성을 알아냈다. 만약 인간에게 그러한 긍정적인 설명 모형이 있다면, 성공의 가능성은 분명 더 높을 것이다.

데이터 해설

많은 기업의 경영회의에서 자칭 '확실한 데이터'가 들어 있는 두터운 리스트와 많은 숫자들이 도처에서 사용되는 현상을 볼 수 있다. 이 숫자들은 대부분 여러 가지로 해석될 수 있다. 어떤

해석이 좋은 것인가는 책임 있는 매니저의 특성 모형에 따라
결정된다.

스포츠에서도 내면의 생각이 종종 승리의 결정적 요인이 된다. **스스로 실현되는**
예를 들면 100m 달리기에서 10초의 기록이 수십 년 이상이나 **예언(SEP)**
한계로 여겨지고 있었다. 선수들은 이 한계를 그들의 잠재의식
속에 담아 둔다. 비로소 한 선수가 10초 이내로 달리기를 성공
했을 때, 다른 많은 사람들이 그 뒤를 따라 빠르게 성공했다. 결
국 선수의 머릿속에 있는 장벽은 사라졌다. 모든 선수 개개인
이 이 장벽의 존재를 믿는 한 장벽은 극복되지 않을 것이다.
이런 내면의 장벽이 스스로 실현되는 예언(SEP)이다.
스스로 실현되는 예언의 내면 논리학 :

- 1단계
  당신은 어떤 특정한 내면의 생각이 있는가?
- 2단계
  이 생각 때문에 당신의 행동이 변화될 것이다.
- 3단계
  변화된 행동으로 새로운 결과를 얻게 된다. 당신의 생각이
  정당하다는 것이 입증되고 예언은 실현된다.

자유의지로 승자와 패자가 된다. 인간이 이루는 것은 대체로 인
간 스스로 생각하고 있는 것에 좌우된다는 사실을 승자만이 알
고 있다.

▌ 잠재의식

스위스 심리학자 칼 구스타브 융(C.G. Jung)은 인간의 잠재의식이 우리가 믿는 것보다 훨씬 더 큰 영향을 행동에 미친다고 입증했다. 보고 체험한 모든 것, 즉 내면적으로 입력시킨 모든 기억이 우리의 잠재의식에 영향을 미친다. 잠재의식은 살아 있는 한 끊임없이 우리에게 작용하며, 자거나 쉬지도 않으며 신체에 있는 모든 개별 세포를 제어한다.

잠재의식은 선과 악, 옳고 그른 것을 구별하지 않는다. 잠재의식은 마치 훌륭한 컴퓨터처럼 작동한다. 우리가 잠재의식에게 말한 것을 잠재의식은 정확히 시행한다. 우리가 나쁜 생각을 입력한다면 그에 대한 보복을 받는다. 그러나 우리가 우리의 목표와 소망을 성취하고자 할 때마다, 뇌의 무의식 부분이 우리의 목표와 소망을 성취하려고 움직인다. 성공의 이 키를 다른 사람에게 넘겨준다면, 그렇게 하는 대로 우리는 반응하고 행동할 것이다. 그 결정권은 완전히 우리에게 있다. 하지만 인생에서 성공적이고 독립적으로 행동하기 위해서 스스로 결정을 내리겠는가?

긍정적인 사고 –
낙천주의와 신뢰

자신의 내면적 생각과 행동 모형을 재점검하고 모든 것을 긍정적인 개념과 건설적 변화로 표현하려고 시도하자. 어려운 과제를 해결하고 싶다면, 모든 부정적 생각은 유해(有害)할 뿐이다. 당신에게 다른 사람들을 지도할 책임이 있는가? 그렇다면 사람들에 대한 당신의 행동과 실행한 활동이 좋은 결과를 낳을 것이라고 믿는다. 자신의 능력을 긍정적인 이미지로 생각해 본다. 긍정적 사고는 낙천주의 때문만은 아니다. 긍정적 사고는 현실을 오인하지 않는 신뢰와 낙천주의의 특징을 지니고 있다.

■ 어떤 특정한 일을 과거에 여러 번 성공했다면 이미 신뢰는 구축되었고 또다시 성공적으로 할 수 있는 능력을 가지고 있다는 것을 안다.
■ 당신이 인생에서 아직 한 번도 성공하지 못한 일을 처음으로 성공하기를 희망하고 있다면 당신은 낙천주의자다.

한네스 린데만(Hannes Lindemann)이 1956년에 시리즈로 생산된 보통의 보트를 타고 대서양을 횡단했을 때, 항해하는 동안 잠재의식 속에 프로그래밍했던 네 가지 결의를 몇 번이나 되풀이해 표현했다고 한다.　　　　　　　　　　도움이 되는 암시

1. 나는 대서양 횡단을 성취한다.
2. 서쪽 항로로
3. 나는 구조를 받을 것이다.
4. 포기하지 않는다.

당신도 이러한 암시 효과를 이용하자. 커다란 도전을 시작할 때, 자신의 결의를 분명히 설정한다. 긍정적인 결의를 표현할 수 있는 자신의 말을 찾아낸다.

1. 나는 확실히 달성할 수 있다.
2. 5년 후의 내 인생은 이렇게 될 것이다. 그것이 나의 목표다.

3. 목표를 달성하도록 도와주는 사람을 지속적으로 만난다.
4. 가장 중요한 것은 인내와 의지다.

확인을 찾아내기　이러한 암시를 확인이라고 부를 수도 있다. 혼자서 자신의 긍정적 시인을 명확히 설정하고 메모한다. 당신이 쉽게 찾는 장소, 예를 들면 욕실 거울, 냉장고 또는 컴퓨터 화면에 메모를 놓는다. 긍정적인 내면의 독백을 할 수 있게 확인이 도와준다. 확인을 아래 3개의 P로 명백하게 표현하는 것이 가장 좋다.

- 개인적(Personally)
- 긍정적(Positive)
- 현재(Present)

무하마드 알리의 "나는 가장 위대한 사람이다."라는 말을 알고 있을 것이다. 그는 암시를 스스로 믿고 자기 비전을 이룰 때까지 되풀이해서 이 말을 중얼거렸다고 한다.

확인에 대한 예　확인의 예를 들면 다음과 같은 내용이 있다.

- 나에게는 무한한 에너지가 있다.
- 나의 재정 상태는 신뢰할 만하다.
- 나는 건강하다.
- 나는 필요한 만큼의 돈을 가지고 있다.
- 나는 적절한 사람을 만나기 위해 항상 적절한 장소에 있다.
- 나는 즐겁고 쉽게 골프를 친다.
- 나의 사업 파트너는 나와 함께 일하는 것을 좋아한다.
- 나는 주고받는 것에 제한을 받지 않는다.
- 오늘 놀라운 일이 일어날 것을 알고 있다.

■ 나는 좋은 파트너십을 유지하고 있다.
■ 나는 행복하다.

연습 : 당신의 확인

자신의 확인에 대한 어떤 아이디어를 입수했는가?

....

....

....

....

우리의 성취 능력의 한계는 머릿속에 고정되어 있다. 자신의 성
취 능력에 대한 한계를 설정하자. 

스스로 설정한 내면적 한계를 본보기라고 부른다. 그 내면적
한계는 요원한 소망을 성취하지 못하게 하는 머릿속의 장벽이
다. 머릿속의 부정적 교조(敎條)를 우리는 변경시킬 수 있다. 잠
재의식에 남아 있는 진부한 성공 브레이크는 자주 사용하는 긍
정적인 확인 때문에 변경되고, 새로운 행위를 준비한다.

퍼트 시에도 그것을 항상 반복해서 경험할 수 있다. 잠재의식
에서 벗어나 샷 이외의 다른 것에 정신을 집중시킨다면 분명히
더 좋은 결과를 얻을 것이다.

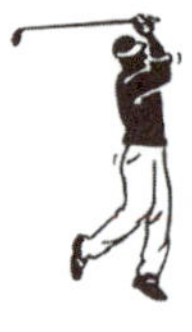

연습 : 내면의 생각을 신체 언어로 반영하기

퍼트나 티샷을 할 때 다음처럼 연습한다. 당신이 팬터마임 배우가 되어, 실패와 불행을 확신하는 사람처럼 샷을 한다. 이런 샷을 다섯 번 정도 한 뒤, 신체 언어를 완전한 자신감으로 바꾸고 성공을 확신하며 샷 한다. 당신은 어떤 경험을 하고, 어떤 결과를 얻는가?

당신은 이 연습을 비즈니스 상황과 사적인 상황에 활용할 수 있다. 예를 들어 입가의 미소를 보면 불친절함을 전혀 생각할 수 없다는 것을 확인할 수 있다.

내면적 · 외면적으로 기력 없이 과제에 임한다면, 정상에 오를 수 없음을 당신이 입증할 것이다.

자의식과 신뢰가 가득하다면 성공의 가능성은 몇 배나 더 높아진다.

체크 리스트

■ 긍정적인 속성과 씨름한다.

■ 내면에 자리 잡은 낡고 부정적인 프로그램을 지운다.

■ 부정적 교조를 긍정적 교조로 바꾼다.

■ 성공 프로그램을 짜서 잠재의식에 넣어 활용한다.

■ 자신을 위해 학인을 명확히 표현한다.

■ 일정한 상황이 되면, 당신의 신체 언어를 재점검한다.

11. 내면의 대화 –
마음속에 있는 의심과 믿음

> "자신과 대화할 때 사용하는 말은 우리가 우리를 느끼는 데 결정적인 역할을 한다. 긍정적인 언어로 자기 자신을 확인해야 한다."
>
> — 폴 윌슨 Paul Wilson, 미국 의사이자 기업 컨설턴트

이번 홀에서 배워야 할 것

- 마음속에 있는 2가지의 목소리가 무엇을 야기하는가?
- 당신의 잠재력이 어떻게 내면의 방해에서 벗어나게 할 수 있는가?
- 긍정적인 이미지가 내면의 자기 대화에 어떤 영향을 미칠 수 있는가?

골프 연습장에서나 페어웨이에서 경기자들을 관찰해 보면, 그들이 자신과 대화를 나누는 모습을 자주 확인할 수 있을 것이다. 모든 사람은 다양한 상황에서 자신과 대화를 한다.

여기에서 누가 누구와 이야기하는가를 찾아내자. 우리 마음속에는 2가지 목소리와 2가지 역할이 있다. 우리는 자기 자신과 대화를 나눈다. 하나의 나는 골프를 하고, 다른 하나의 나는 어떻게 해야 하는지 설명한다. "머리를 아래로 내려라. 자유로운 상태를 계속 유지하라. 그것은 틀림없이 그렇게 되어야 해. 이

런 바보. 이번엔 정말 잘했다." 이런 생각을 해 본 적이 있는가?

마음속에 있는 2가지 정체성은 무엇을 할까? 2개의 정체성을 자아1과 자아2라고 부르기로 하자. 자아1은 골프 경기에 대한 모든 것을 알고 있다고 생각하고, 자아2는 샷을 해야 한다고 가르친다. 자아1은 자아2에게 지시를 할 뿐만 아니라 자아2의 결함도 비판한다. 그리고 자아1은 자아2에게 지시를 내릴 뿐만 아니라 나중에 저지를 수 있는 결함에 대해 경고하고, 자아2가 실수를 저질렀다면 때때로 자아2를 비방한다. 2가지 정체성 관계는 불신에 기인한다는 것을 알아차리기는 쉽다. 자아1은 자아2가 샷을 할 수 있다고 생각하지 않는다. 그러나 샷에 대한 신뢰도가 높아지자마자 자아1의 지시는 확 줄어든다. 그리고 의외로 자아2는 자아1이 없더라도 가장 훌륭한 성과를 이룩할 수 있다. 진행을 잘 하고 있다면 자아1의 목소리는 나오지 않는다. 이 사실은 골프뿐만 아니라 비즈니스에도 똑같이 적용된다.

자아1은 우리에게 도움보다는 오히려 더 많은 장애가 된다. 그렇기 때문에 자아1의 지속적인 방해를 어떻게 하면 줄일 수 있는지 잘 생각해야 한다. 자아2의 잠재력을 신뢰할 수 있다면, 어떤 일이 일어나는가? 나뿐만 아닌 다른 골퍼들도 자아1을 안심시키고 자아2가 방해 없이 경기할 수 있다면, 학습의 결과와 질이 평균적으로 상승한다는 것을 확인했다. 자아2의 능력을 신뢰하는 트레이너들은 지도와 가르침으로 배우는 사람들을 당황하게 만들지 않고, 3~4배나 더 빠른 학습 성과를 올린다. 배우는 사람들 또한 불만이 적은 상태에서 배우게 된다.

자아1 : 의심

자아2 : 잠재능력

자아2에게
신뢰 보내기

자아1은 말을 분명하게 표현하고 생각하지만 만약 몸의 근육을 통제하기 위한 문제에 관한 것에 대해서는 좋은 조언자는 아니다. 행동의 질과 기쁨의 정도, 학습 진척을 통제하기 위해 우리가 자아2를 허용한다면, 학습 성과는 분명히 더 좋아진다.

우리가 성취한 것의 질은 잠재능력(자아2)에서 자아1의 방해를 제거한 것과 같다.

자아1과 자아2의
특징

자아1	자아2
염세주의자	낙천주의자
의심하는 자	믿는 자
패자	승자
경직된	자유로운
공명심	기쁨
투사	선물 받는 자
해설자	시행자
비판자	알고 있는 자
방해	가능성
규제	몰입(Flow)

연습 : 머릿속의 실험

내면의 목소리(자아1)에 대한 모든 충고와 비판을 생각해 본다. 자신에 대한 의구심이 당신 마음속에서 어떻게 자라는지 관찰한다.

갑자기 동반 경기자가 라운드에서 이러한 방법으로 지시하고 비판하기 시작한다면, 그리고 자기 자신과 이야기하는 것처럼 동반 경기자가 당신에게 이야기한다면, 무슨 일이 생기는가? 이 사람을 꾸짖는 게 좋은가? 아니면 언젠가 다시 이 사람과 라운딩하겠는가? 그러나 모든 언급과 충고를 기억해야 한다!

마음속에 있는 이 2가지의 성격이 비즈니스의 성공에 어떤 영향을 미치는가? 끊임없이 우리를 빗나가게 하고 결국에는 경직시키는 좋은 의미의 충고를 하는 자아1을 비즈니스에서 역시 알지 못하는가? 골프처럼 비즈니스에도 많은 기술과 행동 규칙이 있다. 이 기술을 잘 알고 잘 사용해야만 한다. 그러나 프레젠테이션, 판매 상담, 직원 평가에 관한 한, 항상 기술적으로만 처리해서는 안 된다.

권력을 가진 대부분의 사람들처럼 자아1도 지배권을 지키고 싶어 하고, 자신의 영향력을 감소시키려는 많은 세력에 저항한다. 자아1의 영향력을 축소시키는 것은 큰 도전이다. 유용한 관찰을 잘 활용하여 자아1이 다양하게 정신 집중 훈련을 한다면, 자아2를 방해하는 자아1의 영향력은 분명하게 감소한다.

연습 : 독백 극복하기

퍼팅 그린에서 몇 번의 시험 샷을 해 보면 공과 클럽에 대한 느낌을 얻을 수 있다. 10개의 공을 약 5m 정도 떨어져 있는 홀컵 속으로 퍼팅해 본다. 그리고 10개의 공과 홀컵 사이에 떨어져 있는 거

비즈니스에서
자아1과 자아2

리의 평균치를 계산해 본다. 잠깐 동안 생각하는 연습을 한다. 즉 홀컵에서 귀중한 보석을 꺼내듯이 공을 꺼내는 일을 상상한다. 이 느낌을 마음속에 간직해야 한다. 계속 연습하고 이 이미지와 느낌에 대한 내면의 생각을 가지고 다음 10개의 공을 샷 한다. 내 경험에 따르면, 홀컵까지의 평균 거리가 생각하는 연습 덕분에 줄어들었다는 것을 알게 될 것이다.

트릭을 이용하여 자아을 속이기

이 연습으로 자아1을 속이면, 자아1은 속게 된다. 이것으로 충분하다. 우리는 자주 바람직한 힌트를 얻곤 한다. "굿 샷을 명심해서 필요에 따라 기억해 내야 한다." 그렇지 않고 이런 생각에 대해 회의를 느낀다면 다시 최고의 약점을 드러낼 뿐이다. 이번 샷이 제대로 되지 않는다면 어떻게 하는가? 이 샷을 반복할 수밖에 없음을 알고 있는가? 예처럼 홀컵에 들어간 공을 직접 꺼내는 것을 의심하지 않고 움직임에 관심을 가지는 것이

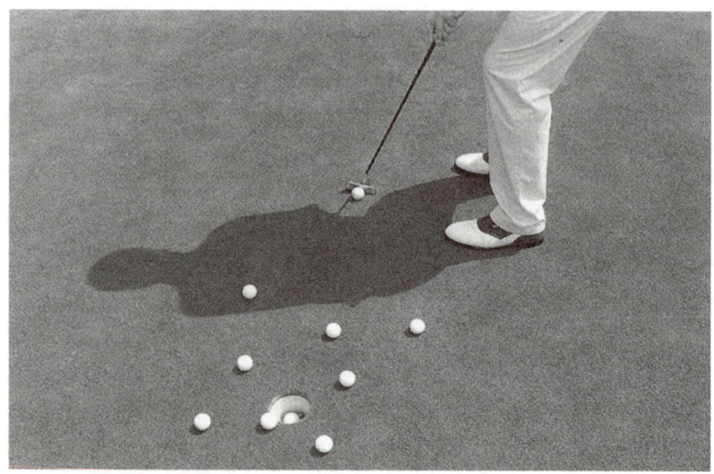

내면과의 대화를 차단한다면, 결과는 종종 더 좋아진다.

확실히 더욱 효과적이다.

이러한 인식을 비즈니스에 적용하려면 어떻게 해야 할까? 당신은 프레젠테이션에서 마음속으로 몇몇의 친구들에게 어떻게 이야기를 설명하는지를 상상할 수 있다. 고객이 처음 방문할 때도 잘 아는 친척이 방문한 것과 같이 하라. 당신이 어려운 전화 통화를 하게 되는 경우, 내면의 이미지로써 당신의 반려자에게 전화를 하고 그 반려자를 식사에 초대하듯이 한다.

우리는 자아1의 좋은 충고를 무시할 수 있고, 우회하면서 자의식을 보강할 수도 있고, 구축할 수 있다는 것을 알아야 한다.

비즈니스에서 자아1을 속이기

의심(자아1)과 믿음(자아2)은 마음속에서 친근한 대화를 나눈다. 탁월한 업적의 경우 자아2만이 당신을 지속적으로 도와줄 수 있다.

■ 당신은 선택된 목표를 영상화하거나 연상한다.

■ 내심으로 상상한 행동이나 움직임을 사전에 성공적으로 마무리했다면 좋았을 것이다.

■ 그 행동은 당신이 성공적으로 실행하고자 한 행동과 같거나 유사하다면 좋았을 것이다. 이때 2개의 행동을 서로 혼동하면 안 된다.

■ 멘탈 연습에서 기술을 모방하는 것이 중요한 게 아니라, 확실한 감각으로 새로운 행동을 편안하고 자유롭게 하는 것이 중요하다.

체크 리스트

■ 당신은 이 연습을 통해 더 좋은 샷에 대한 개연성을 높일 수 있다. 그렇다고 더 좋은 샷을 보장받는 것은 아니다. 물론 멘탈 연습은 자신에 대한 의구심을 감소시키고, 긴장을 제거하며, 자유로운 움직임을 야기할 것이다. 나쁜 경험을 통해 알고 있는 활동이나 샷에 특히 적합하다. 이렇게 자신에 대한 의구심을 없애는 데 몰두할 수 있다.

■ 마음속 이미지에서 더 이상 자신에 대한 의구심이 생기지 않을 때까지 비교할 수 있는 긍정적인 이미지로 연습한다.

자신에 대한
의구심과 기대

"도덕적인 설교는 놀랍게도 독백(獨白)에 어울린다."

— 에른스트 페르스틀 Ernst Ferstl, 오스트리아 시인이자 잠언 작가

이번 홀에서 배워야 할 것

■ 자신에 대한 의구심이 높은 기대와 무슨 관계가 있는가?

■ 부정적 기대와 자신에 대한 의구심이 어떻게 다를 수 있을까?

■ 터무니없는 기대가 자주 실패하는 이유는 무엇인가?

의문에 대한 질문

■ 마지막 샷에서 제대로 되지 않은 이유는 무엇인가?

■ 휘어져 날아가는 타구를 어떻게 교정할 수 있는가?

■ 다음 샷에서 오비가 된다면 나의 점수는 어떻게 될까?

■ 머리를 빨리 위로 들어 올리는 이유는 무엇 때문인가?

■ 다음 두 홀에서도 계속 파를 친다면 무슨 일이 생길까?

우리의 자신감은 약하고 느슨하기만 할까? 자신에 대한 의구심

때문에 많은 사람들, 특히 모든 매니저, 골퍼들은 위협을 느낀다. 자신을 의심한다는 것은 자신의 능력을 의심한다는 것을 의미한다. 의심은 불안과 아무 관계가 없다. 의심과 불안은 아주 가까운 사이지만, 실제로 상상 속에서 위협받을 때 불안이 나타난다. 그러나 의심은 우리의 능력과 역량에 대한 느낌이 약해지는 만큼 증가한다. 그리고 우리 마음속에서 내면의 소리가 다음과 같이 말하곤 한다. "너는 어리석다. 너는 그것을 할 수 없다. 너는 자신이 없다. 너는 추하다."

자아1에서 실현되는 예언

이 경우에 나타나는 행위를 우리는 더 이상 믿지 않게 된다. 그리고 행동이 그렇게 나타나게 된 것을 우리는 되풀이해서 보여준다. 내면의 생각이 잠재의식에 기록된다. 이것이 앞에서 기술된 실현되는 예언이다. 그렇지만 내면의 목소리(자아1)는 자의식에게 매우 위험하다. 따라서 이 목소리의 일부를 반영해도 좋고 전혀 고려하지 않아도 좋다.

기대에 집착하지 않기

의심에 대한 가장 좋은 대처 방법은 의심에 의구심을 품는 것이다. 모든 골프 경기자는 경기를 하는 동안 이미 다음과 같이 경험했다. 즉 첫 번째 9개 홀을 정말 나쁘게 끝마치고 나서 좋은 성적에 대한 기대는 접었다. 그런데 무슨 일인가? 좋은 결과에 대한 기대에 집착하지 않게 되자 갑자기 다음 경기를 훌륭하게 치렀다.

자신에 대한 의구심은 습득된다

유감스럽게도 인간은 항상 실수를 찾아헤매는 소질이 있다. 물론 타고날 때부터 자신에 대한 의구심이 생기는 것은 아니다. 취학 전 연령의 아이들은 자신에 대한 의구심을 알지 못한다.

이 아이들이 학교에 들어가기 전에는 무한한 능력을 무한히 신뢰한다. 계속 실수를 지적하는 학교 교육의 지루한 과정에서 비로소 자신에 대한 의구심을 배운다. 그 다음부터는 일생 동안 자신에 대한 의구심을 가지고 살게 된다.

빠른 걸음으로 계단 아래로 내려가는 것을 한번 상상해 보자. 계단 아래로 어떻게 내려가는지에 대해 곰곰이 생각하지는 않는다. 바로 행동이 이루어진다. 하지 못할 거라는 의심은 조금도 들지 않는다. 그러나 걷는 것을 새로 배워야 하는 사람이라면 모든 움직임과 균형을 근육의 움직임으로 조정해야 한다. 움직임을 곰곰이 생각해야 한다면, 무슨 일이 일어날까? 순조롭지 못하고 상당히 뻣뻣하면서 경직된 자세로 계단을 내려갔을지도 모른다. 바로 이 불확실성은 골프 경기에서 자신에 대한 의구심으로 생겨나게 된다. 이 결과로 움직임이 경직되어 운동의 진행이 매끄럽지 못하게 된다.

예

자신을 의심하는 사람은 다양한 신체적 증상을 나타낸다. 무릎, 다리, 팔 등이 약하다고 생각한다. 머리는 몽롱해지고 가벼운 마비 증세가 나타난다. 간단히 말해, 사람이 자신의 신체에 대한 지휘권을 상실한다.

자신의 의구심이 신체에 미치는 효과

골프에서 처음 샷을 할 때 근육은 이런 신체적 증상을 느낀다. 이 불확실성 때문에 몇 사람의 골퍼는 더욱 강하게 샷을 해야만 한다고 생각한다. 근육에 생기는 경련에 대해서는 이미 이야기했다.

**새 퍼터,
새로운 행복**

나쁜 퍼터 때문에 절망한 많은 골퍼들은 새 퍼터를 산다. 그리고 짧은 시간에 갑자기 더 좋은 결과를 얻는다. 어디에 원인이 있을까? 퍼터를 교체했다면 다양한 퍼트 감각에 새로운 관심을 가져야 당신에게 도움이 되고 더 많은 정보를 얻을 수 있다. 또한 당신은 분명 새 퍼터에 높은 기대를 하고 있다. 새 퍼터는 짧은 시간에 놀랄 만큼 이전보다 더 좋은 결과를 가져다줄 것이다.

경험을 통한 기대

많은 골퍼들은 프로처럼 아마추어들도 예전의 나쁜 샷을 개선시키고 예전의 좋은 샷을 더욱 좋게 만들고 더 좋은 샷을 흉내 내려고 애쓴다. 앞에 설명한 스윙 개선의 2가지 종류는 의심 때문에 생긴 것이다. 이 샷은 항상 과거의 샷에 대한 반응이기 때문이다. 새로운 샷이 새로운 굿 샷이 될 수 있지만 과거를 기준으로 판단하지 말아야 한다. 이 사실은 긍정이든 부정이든 쓸데없는 기대를 낳게 한다. 이때 자아1은 또다시 행동에 대한 통제를 한다. 새로 치는 모든 샷은 항상 새로워야 한다.

**실현된 기대 =
주관적 행복**

언제 기분 좋은 골프를 치는가? 기분 좋은 골프 경기는 객관적인 결과와 거의 관련이 없다. 우리의 느낌에 의심의 여지가 없어야 한다. 기대한 것처럼 경기를 하거나 기대한 것보다 더 잘한다면, 우리는 기분 좋은 골프를 친다고 생각한다. 골프 라운드에서 맞이하게 되는 위기도 우리의 기대와 관계가 있다. 나쁜 샷을 연달아 3개 쳤다면, 우리는 무엇을 기대할까?(하루에 세 번 누군가로부터 거부당했다거나, 좋지 못한 판매 상담을 세 번이나 했다거나, 나쁜 소식을 들었다면, 우리는 무엇을 기대할까?) 대부분 자신에 대한 연민으로 가득차서 더 이상 좋은 일은 기대하지 않는다.

아주 좋은 티샷을 한 다음 왜 두 번째 샷은 좋지 못한 것일까? 평소보다 좋은 샷 때문에 우리의 자의식이 높아졌지만, 마찬가지로 마음속으로 다음 샷을 더 잘하겠다는 기대도 높아진다. 그러나 이런 기대 자세는 신체에서 일어나는 작은 긴장과 경련을 증가시키기에 충분하다. 기대에 또다시 집착했기 때문에 다음 샷은 더 엉망이 된다. 경기도 빠르게 방향이 바뀔 수 있다. 우리가 첫 번째 9개 홀을 경탄할 정도로 잘했음에도 불구하고 두 번째 9개 홀에서 왜 결과가 나쁜가? 평균 이상의 좋은 결과를 바탕으로 기대는 높아졌다. 기대를 가지지 말자. 첫 번째 의심 때문에 모든 것을 자주 망가뜨리기도 한다. 그리고 나면 어디서 다시 나타났는지 내면의 목소리가 엄습해서 질문한다. "계속되는 행운은 언제가 끝나겠지?" 대답을 듣는 데 오랜 시간이 걸리지 않는다.

너무 높은 기대

한편 가장 불운한 출발이 평균 이상으로 좋은 결과를 내는 이유는 무엇 때문일까? 시작은 여전히 높은 기대를 하면서 출발했다. 그러나 첫 번째 홀은 우리의 잘못된 생각을 고쳐 준다. 다음과 같은 생각으로 높은 기대를 단념한다. 오늘은 아무래도 상관없다. 집착하지 않는다. 그러면 경기는 다시 성공한다.

기대하지 않는다

어떤 기대도 하지 않는 사람은 행복하다. 왜냐하면 그들은 실망하지 않기 때문이다.

> ### 연습 : 기대에 집착하지 않기
>
> 어떤 것을 하려고 시도하지도 말고 어떤 것을 하지 않으려고 하지도 않는다. 단 한 번이라도 아무것도 시도하지 말자. 무슨 일이 생기는가? 골퍼가 좋은 스윙을 하려고 욕심내지 않을수록, 스윙은 더욱 유연하고 자유롭다. 자신에 대한 의구심은 약해진다. 이렇게 자아2는 좋은 스윙에 필요한 최고의 조정과 리듬을 얻을 수 있다. 당신이 얼마나 스윙이나 샷을 하고 싶어 하는지 한 번 보여 준다. 당신은 분명 놀랄 것이다!

다른 사람들의 등장과 효과에 경탄하는가? 당신도 그들처럼 행동하려고 시도해야 한다. 다른 사람을 닮는 것이 중요한 게 아니라, 다른 사람의 성공적인 메커니즘을 관찰하고 그렇게 행하는 것이 중요하다. 어떻게 진행되는지 자기 자신에게 보여 주는 자신의 선생님이 되어야 한다. 원한다면 자신이 우수하다는 것을 믿어야 한다. 대신 기대의 압박감을 받지 않도록 한다.

체크 리스트

- 오래된 나쁜 경험에서 생긴 의심을 버리자.
- 과거의 좋은 경험에서 생긴 터무니없는 압박감을 제거한다.
- 모든 기대를 버린다.
- 본보기를 모방하는 것은 도움이 되지 않는다. 본보기의 행동 양식에 찬성하고 이것을 자신의 태도에 차용하려고 시도한다. 본보기의 역할을 한다. 그러나 이런 사람이 되기를 시도하지 않는다.
- 스스로의 선생님으로서 자신이 어떻게 진행하는가를 보여 준다.

13. 도전의 문제

이번 홀에서 배워야 할 것

- 문제를 인정하지 않아야 하는 이유는 무엇인가?
- 문제 속에 어떤 도전이 숨어 있는가?
- 다른 도전에 문제를 어떻게 포함시킬 수 있는가?

항상 산더미 같은 문제를 떠맡는 사람들을 우리는 자주 만난다. 그들 주변의 좋지 않은 상황과 문제 때문에 그들은 인생을 향유할 수 없다. 자신이 처한 딱한 상황에 대한 책임은 다른 사람들에게 있다. 예를 들어 회사에서 승진하지 못한다면, 책임은 사장에게 있다. 낫지 않는 감기에 대한 책임은 구질구질 비 오는 날씨에 있다. 청중들이 느끼는 소음 측정 수치는 나쁜 프레젠테이션을 해명하는 빌미를 제공한다. 주문이 이루어지지 않은 책임은 고객에게 있다.

골프장에서도 많은 골퍼들에게 일련의 문제가 있다. 첫 번째의

문제에 대한 문제

티샷, 거대한 워터 해저드, 공이 러프에 빠진 경우나 7m 퍼트를
성공해야 파가 되는 경우 등. 이러한 문제가 우리에게 어떤 영
향을 미칠 수 있는가는 단지 생각의 문제이다.우리 인생에 있
는 이 문제를 어떻게 정리하고, 어떻게 다루는가는 자기 자신
의 책임이다.

문제가 과제다　우리의 삶은 반복적으로 어떤 문제에 직면할 것이다. 그런데
그 모든 것이 정말로 문제일까? 당신은 문제를 다음과 같이 바
라볼 필요가 있다. 즉 어려움이 우리에게는 도전이 되었고, 그
래서 일정한 과제를 넘겨받게 되었다. 하지만 과제의 대부분을
정확하게 찾아내지 못했다. 때때로 극복할 수 없을 것 같은 장
벽에 직면하기도 한다. 그럼에도 불구하고 성공한 사람들에게
과제는 문제가 아니라 장애물일 뿐이다. 자주 승리를 맞본 사
람들은 이 모든 상황에서 해결할 수 있는 과제를 찾아낸다. 다
음 단계에서 극복해야 하는 도전이 어떤 것인지 생각하는 것이
관심사가 될 것이다.

열린 서랍 닫기　문제를 해결할 수 있는 과제로 바꾸고 이 도전을 해결했다면
더 높은 발전 단계로 올라갈 수 있다. 해결되지 않았거나 배제
된 문제는 해결될 때까지 계속 우리 주위를 맴돌고 있다는 것
을 많은 이들의 경험을 통해 알 수 있다. 그것은 이른바 우리가
닫아야만 하는 열린 서랍이다. 그리고 문제의 상대적 중요성을
잘 생각해 본다. 예전에 해결했던 다른 과제들과 지금의 문제
를 비교한다. 4홀에서 관찰자의 기준점에 대해 설명했다. 문제
와 도전을 평가하기 위해서라도, 직면하고 있는 장벽의 크기를
상대적인 것으로 보기 위해서라도 관찰점을 교체할 필요가 있

다. 그러면 틀림없이 새로운 해결 가능성도 찾아낼 것이다.

연습 : 문제 축소하기

많은 경기자들은 홀컵 앞에서 불안해한다. 이 불안을 없애기 위해서 혹은 불안에 대한 생각을 딴 곳으로 돌리기 위해서 홀컵 자체를 목표로 하는 것이 아니라, 홀컵 안에 있는 훨씬 더 작은 타깃을 목표로 해야 한다. 퍼트의 거리는 약 1m 정도로 한다. 우선 홀컵의 왼쪽 가장자리를 겨누고 나서 홀컵의 오른쪽 가장자리를 겨눈다. 이때 공은 홀컵 가장자리를 맞추고 밖으로 굴러가야 한다. 결과에 만족했다면, 홀컵 가장자리에 있는 또 다른 타깃을 찾아낸다. 또 다른 타깃은 풀줄기, 작은 땅 조각 혹은 물감 얼룩이 될 수도 있다. 아주 작은 타깃을 향해서 퍼트한다. 시간이 조금 지나면 실제 홀컵이 얼마나 큰지 알아차리게 될 것이다.

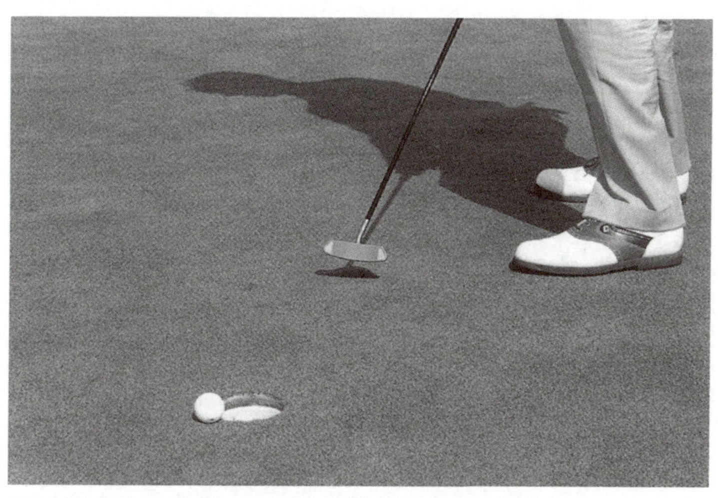

작은 타깃은 더 큰 타깃에 더욱 쉽게 도달하기 위해 도움이 된다.

당신의 경우 문제가 점점 더 커지고 어려워진다면, 그 문제를 다른 상황과 연관시켜 자문한다.

- 정말로 얼마나 나쁜가?
- 이것이 다리가 부러지는 것만큼 나쁜가?
- 이것이 노동력 상실만큼 나쁜가?
- 이것이 비행기 추락만큼 나쁜가?

상상력이 너무 지나치지 않았는지 생각해 본다. 그 다음 결론을 내리고 행동한다.

> **연습 : 지난해의 영화 보기**
>
> 정말 문제 때문에 당신이 되풀이해서 세상을 더 이상 지각하고 싶지 않다면 15분을 사용하라. 자신이 주역을 맡은 지난해에 대한 영화를 본다고 상상한다. 거기에서 당신은 무엇을 체험하는가? 어떤 느낌이었는가? 좋았던 것과 나빴던 것은 무엇이었는가? 지금 시점에서 자기 자신에 대해 무엇을 생각하는가? 당신의 미래를 적극적으로 만들기 위해 이 인식을 어떻게 활용할 수 있는가?

골프에서처럼 비즈니스에서도 많은 문제들은 이것을 해결하기 위해 정신 집중을 함으로써 더 증폭된다. 어떤 것을 의식적으로 변화시키고자 하면, 작은 미세한 내용에 집착하게 되고 그럼으로써 약한 경련이 일어나게 된다. 그렇게 되면 다음 문제가 또 생긴다.

많은 골퍼들에게 일어나는 가장 큰 문제 가운데 하나는 설명될 수 없는 이른바 근육 경련이다. 근육 경련은 어디에서 생기는가? 생각이 근육의 기능에 미치는 영향을 우리는 이미 알고 있다. 자신에 대한 의구심과 분노 때문에 지금 심리적인 스트레스에 빠져들면 생각이 혼란을 겪거나, 의식이 일시적으로 없어진다. 두려워서 부들부들 떠는 사람이 있다는 것을 들었을 것이다. 우리의 머릿속도 똑같은 두려움을 느끼게 된다. 다시 말하면 생각이 떨고 있는 것이다. 생각이 작은 근육과 작은 움직임에 미치는 영향은 사지를 쭉 펼 정도의 큰 움직임에 미치는 영향보다 훨씬 더 크다. 자신에 대한 의구심과 거부에 대한 두려움 때문에 근육이 통제되지 않고 움직이는 것이다. 그래서 근육 경련이 일어난다.

근육 경련을 어떻게 치료할 수 있을까? 근육 경련이 왼쪽에서 일어나면 좋다. 왜냐하면 왼쪽에서 일어나는 근육 경련에는 주목하지 않기 때문이다. 이때 정신 집중 연습이 도움이 될 수 있다. 또 다른 가능성은 근육 경련을 의식적으로 지각해서 다루는 방법이다. 다시 말해 문제를 받아들이고, 문제를 해결하려는 새로운 도전으로 간주한다. 훌륭한 퍼트를 하기 위해 넘어야 할 장벽이 너무 높아 보이기 때문에 근육 경련이 생긴다. '주의 연습'으로 높은 장벽은 차츰 더 낮아질 것이고 근육 경련은 좋아질 것이다.

예 : 근육 경련

골프에서 나타나는 문제를 인간적으로 성장시키고 개성을 발전시키는 놀라운 도전으로 활용한다.

의식적으로 실패의 전략을 사용하기

모든 문제는 상상 속에서 점점 더 커져 간다. 왜냐하면 우리는 실패를 두려워하기 때문이다. 실패를 무릅쓰고 대화나 프레젠테이션, 골프 라운드를 성공적으로 이루었을 때 즐거움을 느끼게 되면 그 실패의 전략은 훌륭한 지각 과제나 학습 과제가 될지도 모른다. 따라서 그 실패의 전략은 성공하지 못한 것만큼 전혀 나쁘지 않을 수 있다는 것이 경험을 통해 밝혀졌다. 더군다나 당신은 훨씬 더 긴장을 푼 채 훨씬 더 자유롭게 집중을 한다. 경우에 따라서 조금은 이런 실패의 전략에 긍정적으로 반응하는 사람들도 있다. 그 사람들은 당신이 "어쨌든 당신들은 실패의 전략을 쓸 필요 없다."라고 말해 주길 기대한다. 바로 이때 고객들은 주의를 기울이게 되고 당신의 제안에 두 배로 강한 흥미를 느끼게 된다.

연습 : 문제와 공격적으로 맞붙기

문제를 분명하게 정의했다면, 문제가 무엇인지 명확하게 표현할 수 있다. 다음 두 번째 단계에서 문제에 도전하는 질문을 한다. 예) 당신의 문제 : 나는 주문을 받지 못했다! 도전으로 바꾸기 : 새 주문을 받기 위해서 나는 무엇을 할 수 있는가? 그러면 이 질문에 적합한 하위 목표가 있는 목표를 당신은 이 질문에서 명백히 설정할 수 있다. 당신의 문제를 해결하기 위한 많은 작은 단계를 구성하는 대책을 그 목표에서 추론하게 된다.

문제는 없다. 모든 문제는 과제다. 우리에게 모든 과제는 우리가 해결할 수 있는 새로운 도전이다.

- 오늘부터 더 이상 어떤 문제도 가지지 않기를 결심한다.

- 문제를 도전과 과제로 변형시킨다.

- 문제에서 목표와 대책을 끄집어 낸다.

- 머릿속으로 극복하려는 장벽을 축소시킨다.

- 당신의 도전을 다른 어려움과 연관시키고, 그것이 정말로 나쁜가를 자문해 본다.

- 의식적으로 거부와 실패를 시험한다. 당신은 여기에서 무엇을 배울 수 있는가?

14. 두려움과 분노로 인한 스트레스

"자신을 걱정하기 위해 매일 30분을 비워 놓아라. 그리고 그 30분 동안 그냥 앉아서 졸아라."

— 에이브러햄 링컨 Lincoln, Abraham, 미국 대통령

이번 홀에서 배워야 할 것

- 거절에 대한 두려움을 어떻게 다룰 수 있는가?
- 패배와 실패에 좋은 측면이 있는 이유는 무엇 때문인가?
- 분노 다음에 일어나는 것은 무엇인가? 당신은 어떻게 용기를 내고 어떻게 스트레스를 줄이는가?

경기에 참여하는 운동 선수는 경기 전에 자기 몸을 최고의 능력으로 끌어올리려 한다. 달리거나 움직여서 몸을 따뜻하게 하기도 하고, 근육과 힘줄을 늘리려고도 한다. 근육을 풀지 않고 무리하면 경련을 일으킬 수도 있다. 몸을 따뜻하게 해 두지 않으면 과도한 긴장으로 생기는 통증과, 근육 경련이라는 나쁜 결과가 나타난다. 반대로 선수의 몸이 따뜻하고 부드러우면 최

고의 기록을 달성할 수 있다. 우리의 내면의 신체인 마음도 똑같이 반응한다. 심리적 압박과 두려움의 형태로 나타나는 모든 경련은 우리의 능력을 방해한다. 최적의 성과를 내기 위해서는 마음이 부드럽고 따듯하며 유연성이 있고 부담을 감당해 낼 수 있어야 한다. 우리가 경련과 불안 그리고 심리적 압박에서 자유로울 때 평균 이상의 성공을 거두게 된다.

부상을 두려워하는 축구 선수는 1 : 1 상황에서 결코 이길 수 없을 것이다. 여성 스키 선수가 부딪힐지도 모른다는 두려움을 가지고 출발하면 승리하지 못한다. 고객이 거절하는 것을 두려워하는 판매인은 결코 고객을 설득할 수 없을 것이다. 계속 경쟁을 겁내는 매니저는 혁신적이고 장래성 있는 투자를 할 수 없을 것이다. 그러나 그 불안을 극복한 사람은 하고자 하는 것을 달성할 수 있다.

장애물로서의 불안

불안을 경험하는 것은 중요하다. 개인적인 발전을 위해 이 체험은 꼭 필요하다. 의식적으로 불안을 다루어 보면 불안으로부터 벗어나는 조건을 만들어 낼 수 있다. 새로운 도전을 위해 무대에 올랐을 때 느끼는 압박감이 반드시 공포를 말하는 것은 아니다. 때로는 우리의 불안은 연기자가 공연 때의 무대에서 느끼는 압박감 같은 것이다. 많은 배우들은 이런 형태의 불안을 정신 집중을 더 잘하기 위해, 다른 방해 요인을 벗어나기 위해 도움이 되는 격려로 간주한다. 티샷이나 어려운 대화에서 나타나는 불안을 작은 에너지 추진력으로 생각하자. 자기 자신에게 '조금만 더!'라고 말하면, 부정적 에너지를 긍정적 에너지로 바꿀 수 있다.

에너지 추진력으로서의 불안

패배에서 배우기　뭔가 잘되지 않았다면? 당신은 샷 준비를 잘했고, 타깃도 분명했으며, 연습 스윙 또한 전체적으로 조화로웠다. 그런데도 오비 샷을 해 버렸다! 그렇다고 해서 성공 기술이 전체적으로 발휘되지 못했는가? 아니다! 그날이 바로 운이 나쁜 날이거나 혹은 처음 스포츠를 시작하는 것처럼 경기가 잘 풀리지 않는 일은 자주 되풀이해서 일어난다. 비즈니스에서도 우리는 반복되는 패배를 감수해야만 한다. 예컨대 판매 상담의 거부나 동료의 불평을 감수해야만 한다. 그러나 다행스러운 것은 이렇게 좋지 않은 상황 속에서도 작은 가르침을 받는다는 것이다. 우리는 무언가를 배워야 한다. 여기에서 배웠던 것을 잘 생각해 보자. 이 상황에서 우리는 무엇을 배울 수 있는가? 그것은 무엇에 좋은가 ?

성공한 사람들은 패배하면 또다시 일어서서 새로운 시도를 한다.

실패와 실수를 받아들여야 한다. 실패와 실수를 수락하는 것은 성공을 약속하는 생각을 구성하는 중요한 요소이다. 실수를 통해 무언가를 배우기 때문에 실수는 필요한 것이다.

> **연습 : 불안 극복하기**
>
> 불안해하는 상황에서 당신은 잘 생각해 봐야 한다. 내가 불안하지 않으려면, 도대체 무엇을 해야 하는가? 내가 두려워하지 않으

려면 어떤 행동을 해야 하는가? 어떻게 미소 짓고, 어떻게 자유로울 수 있고, 어떻게 동기를 부여받으며, 어떻게 훌륭하고 멋진 조명을 받는지 생각해 본다.

완벽한 훈련을 하기

비즈니스에 있어서 완벽한 훈련은 특정한 상황에서 불안감을 갖는 당신에게 도움이 될 것이다. 강연을 하기 전에 전문 강연자를 관찰해 본 적이 있는가? 그들은 체조와 발성 연습을 한다. 또한 공감대를 형성하면서 스스로 좋은 분위기를 만든다. 유능한 판매인은 상담 전에 유연하고 침착하게 다음 상담으로 넘어가는 데 도움이 되는 간단한 훈련을 한다. 불안함에 사용될 수 있는 에너지를 훈련에 사용하자. 이것은 좋은 투자이다.

용기로 불안을 극복한다. 불안해 보지 않았다면 결코 용감할 수가 없다.

올바르게 화내기

경영상의 잘못된 의사 결정, 프레젠테이션에서의 난감한 실수, 판매 상담에서의 잘못된 논거, 경기를 시작하자마자 OB가 된 강한 샷 등 모든 상황에 대해 정말로 화가 많이 날 수 있다. 이때 우리는 우선 자문해 보아야 한다. 누가 누구에게 화를 내는지? 화를 내는 것은 스스로에게 책임이 있다. 화내려고 하거나 화내기로 작정했다면 그렇게 해도 좋다. 하지만 울분을 한번 삭이는 것이 결국엔 좋다. 물론 화를 내는 것처럼 불필요한 에너지를 소모하는 데 시간 낭비를 하지 말아야 한다. 새로운 도전을 이겨 낼 생각이 있다면 다른 장소에서도 그 능력을 사용할 수 있다. 이 밖에도 당신이 오랫동안 떠들썩하게 화를 표현한다면 주변 사람들은 싫어한다. 모든 사람들은 실패에 대해 한 번쯤은 화를 내도 된다. 그렇지만 다시는 실수하지 않도록 결심하고 다시 과제에 집중해야만 한다.

체크 리스트

■ 바로 결정을 내린다. 결정을 연기하면 스트레스를 받을 수 있다.

■ 당신의 스트레스에 대해서 다른 사람들과 상의하거나 독백한다. 스트레스에 대해 말하고 기분이 편안해졌다면, 이것이 스트레스를 극복하는 최고의 방법이다.

■ 움직인다. 정기적으로 움직여야 한다. 경련이 일어나는 이유가 스트레스 때문이라는 것을 알고 있다면, 신선한 공기를 마실 수 있는 곳으로 가서 적어도 30분간 움직인다. 움직임과 스포츠는 스트레스 때문에 힘들어 하는 당신을 편안하게 해 준다.

■ 과제가 정말 중요한지, 절박한지 생각한다. 나머지 과제에서는 손을 뗀다.

■ 매일 토마토 주스를 한 잔 마신다. 토마토 주스는 스트레스 때문에 생긴 고혈압을 가라앉힌다.

■ 자신의 실수를 자랑한다. 실수에 대해 계속 화를 내는 사람은 스트레스가 생기고 기분이 나빠진다. 실수는 돈으로 살 수 없는 훌륭한 교훈이 될 수 있다.

■ 일을 마친 다음에 갖게 되는 짧은 휴식을 이용한다. 여가 시간에 긴장과 스트레스를 함께 나타내는 사람과 파트너십에서 때때로 대립한다고 해도 놀랄 필요가 없다. 부당한 행동을 줄이고 긴장을 완화하며 옷도 바꾸어 입는다.

■ 물은 몸속 찌꺼기와 퇴적물을 몸 밖으로 씻어 낸다. 매일 3리터의 물을 마시며 스트레스에 대한 내성을 기른다.

■ 긴장 완화 기술을 이용한다(18홀 참고).

15. 정신 집중
– 휴식의 힘

"정신 집중은 의식을 한곳에 고정시키는 것이다."

— 게르하르트 웅거 Gerhard Unger, 독일 오페라 가수

이번 홀에서 배워야 할 것

■ 정신 집중 능력이 중요한 이유는 무엇인가?

■ 정신 집중 능력을 어떻게 개선시킬 수 있는가?

■ 당신에게 도움이 되는 정신 집중 연습에는 어떤 것이 있는가?

한 골퍼가 어려운 퍼트를 하려고 할 때, 멀지 않은 곳의 선로 위를 화물 열차가 덜커덩거리며 달리고 있었다. 나중에 한 동반 경기자가 기차가 방해되지 않았는지 물었다. 그런데 그 골퍼는 "어떤 기차?"라고 반문했다.

본질적인 것에 한정하기　비즈니스에서도 이런 정신 집중의 효과가 있다는 것을 알고 있는가? 시끄러운 소음도 동료들의 대화도 방해가 되지 않는 날이 있고, 지나가는 자동차가 방해되는 날도 있다. 정신 집중력은 방해가 되는 감성에 본질적인 영향을 미친다. 모든 사람이

비즈니스에서 최선을 다하고 성공하기 위해서는 정신 집중의 의식 상태가 가장 중요하다. 분주하고 스트레스를 일으키는 상황에서 본질적인 것만 다룬다면 머릿속의 혼란을 줄일 수 있다. 정신을 집중하기 위해서 어떠한 가능성들이 있는가?

의식(儀式)을 깊이 생각하기

중요한 활동을 위해 친숙함과 반복된 리듬으로 내면의 안정을 느끼는 반복 훈련을 계속한다.

초점 : 습관

예를 들어, 프레젠테이션을 하기 전에 매우 흥분한 상태라면, 심호흡을 하고 몇 번의 발성 연습에 집중함으로써 안정감을 높일 수 있다.

현재에 존재하기

당신은 과제를 통해 의식적으로 한 단계 한 단계 앞으로 나아간다. 목표를 달성했을 때 나타나는 결과에 몰두하다 보면 성급한 생각 때문에 정반대의 결과가 나타날 수 있다. 운동 경기에서 전체적인 흐름을 통해 승자가 금방 정해질 것 같지만, 갑작스런 행운으로 다른 팀이 유리해지는 경우도 있다.

초점 : 현재

감각에 주의를 돌리기

혼자 골프장에서 훈련한다면, 스스로에게 "이것 해라", "저것 해라"와 같은 지시를 내리지 않는다. 바로 지금 그리고 여기에서 일어나는 것을 당신이 보고, 느끼고, 들을 수 있는지 확인해 보라. 바로 여기에 당신의 주의를 기울여 보라.

초점 : 주의

방해 요인에 주의를 기울이기

초점 : 방해　다른 생각을 하게 하는 외부의 방해를 자주 경험한다. 실패에 대한 책임을 그 방해에게 경솔하게 그리고 기꺼이 돌린다. 그러나 혼자서 이루어지는 것처럼 방해를 다룰 수 있다. 그렇지만 이 방해가 일어날 여지를 마련할 수 있어야 하고 적절한 시간에 방해할 수 있어야 한다. 더욱이 방해하는 요인들을 당신은 긍정적으로 볼 수도 있다. 더욱이 방해를 다루는 방법을 훈련할 수 있다. 예를 들면 심호흡과 속삭임으로, 또는 직접 말을 걸어서 같은 팀원이 당신을 의식적으로 방해할 수 있다. 또한 장갑을 벗는다든지 클럽으로 소음을 내는 것으로도 방해할 수 있다. 방해를 더욱 친근하게 받아들일 수 있고 마치 이미 방해를 기다렸다는 듯이 행동할 수 있다. 이러한 방법으로 부정적

주먹은 예전부터 승리의 상징이다. 주먹으로 긍정적인 체험을, 정신을 집중 상황으로 가져올 수 있다.

인 영향이 어떻게 줄어들고 쓸모없어지는지 당신은 신속하게 알아차릴 것이다.

움직임을 프로그램에 입력하기

보리스 베커(Boris Becker, 독일의 유명 테니스 선수)가 한창 전성기에 질 것 같았던 몇 번의 경기를 어떻게 열정적으로 승리했는지 관찰해 본 경험이 있는가? 베커의 주먹을 쥔 손은 세계적으로 유명하게 되었다. 단지 손의 움직임 하나로 그는 패배를 승리로 바꿀 수 있었다. 그는 정신 집중을 승리에 대한 의지로 바꾸어 놓았다.

연습 : 대상이나 내면의 이미지 관찰하기

당신은 정신 집중 능력을 높일 수 있다. 의자에 앉아 긴장을 완화시킨다. 좋아하는 이미지 또는 골프 경기와 관련된 이미지나 대상을 관찰한다. 내면의 이미지에 정신을 집중할 수 있거나 어떤 상황을 상기할 수 있다. 5분 동안 움직이지 않도록 노력한다. 대상이나 이미지를 통해 얼마나 많은 특징을 알아낼 수 있는가? 다른 생각이 방해한다면 다시 시작한다. 골프 연습장에서도 약간 변형된 형태로 응용할 수 있다. 골프 연습장에서 훈련할 때 다양한 경기 상황을 상상한다. 그러면서 처해 있는 다양한 상황에서 타깃에 적합한 행동을 연습할 수 있다. 샷 준비에 정신 집중을 한다. 상상한 상황에 적합하게 샷을 한다.

골프장, 타깃 그리고 임팩트 전의 공은 움직이지 않기 때문에,

그다지 크게 집중을 할 필요가 없다. 그것들은 있는 그대로 좋지도 않고 나쁘지도 않다. 그렇지만 다음 도전을 해결할 수 있는 한 가지 가능성은 항상 있다. 따라서 경기에 대한 몇 가지 상황에 특히 주의를 기울여야 한다. 예를 들면 다음과 같다.

- 발, 엉덩이와 손의 위치
- 클럽 헤드의 속도
- 백스윙과 풀스윙의 길이
- 임팩트하기 전 임팩트하는 동안 임팩트한 다음 클럽 헤드의 각도
- 클럽 헤드의 노정 방향
- 공의 스핀

흥미로 인한 정신 집중 어떤 일에 흥미가 있어 행동했다면 집중력은 더욱 두드러질 것이다. 예를 들면 골프에서 다양한 연습을 되풀이하고 다채롭게 훈련함으로써 집중력을 높일 수 있다. 자아1의 주의를 고정시킬 뿐만 아니라 과도한 규제와 방해에 대한 자아1의 일반적인 행동을 약화시킬 정도로 연습이 재미있어야 효과적이다. 이것은 거의 모든 영역에 통용된다.

규율 사무실에서든 골프장에서든 처음으로 정신 집중 연습을 시작한다면 오히려 정신 집중이 되지 않을 것이다. 여기에서 당신은 규율을 적용해야만 한다. 즉각 처음부터 다시 연습을 시작한다.

정신 집중은 본제(本題)에서 벗어나지 않는 것을 말한다.

체크 리스트

- 정신 집중은 초점으로 강화된다.
- 본질적인 것에 한정하여 다른 방해를 받지 않도록 한다.
- 반복되는 활동에서 다양한 상황과 움직임을 지각할 수 있도록 정신 집중을 한다.
- 정기적으로 정신 집중 연습을 해서 능력을 상승시킨다.
- 변화하는 상황을 분명하게 하는 정신 집중의 연습은 내면적인 학습 과정과 성공 과정에 대해 흥미와 주의를 불러일으킨다.
- 정신 집중 연습으로 피드백을 지각하는 것도 교육한다.

완벽주의와 결별
– 무집착과 몰입

"어떤 것을 붙잡고 놓지 않기 위해 주먹을 굳게 쥔다면 네 것은 아무것도 없다. 그러나 주먹 쥔 손을 편다면 전 세계가 네 것이다."

— 중국 속담

이번 홀에서 배워야 할 것

- 붙잡으면 아무것도 갖지 못하는 이유는 무엇 때문인가?
- 인생의 짐을 어떻게 풀 수 있는가?
- 몰입 체험이 무엇이고 몰입 체험의 토대를 어떻게 만들 수 있는가?

무집착을 가능하게 하기

부모가 아이에게 대단한 기대를 걸고 꾸준히 아이를 돌본다면 무슨 일이 생길까? 아이는 다가오지 않을 것이며 도망치려고 하거나 가능한 빨리 부모 곁을 떠나려고 할 것이다. 현명한 부모는 아이가 스스로의 길을 걸어가도록 자유를 줄 것이다. 아이가 집에서 떠나려고 하면 아이를 떠나보낸다. 그러면 아이들은 평생 동안 기꺼이 부모에게 돌아올 것이다.

우리는 자주 고통스러운 경험을 한다. 우리가 하고 싶은 것에

너무 강하게 집착하면 그것은 우리에게서 멀리 벗어나게 된다. 다른 한편으로 집착하지 않고 내버려두는 모든 것은 우리에게 자발적으로 되돌아올 것이다. 비즈니스에서, 여가에서, 야심이 있는 운동 선수들에게서 그리고 가족과 파트너십에서도 똑같다.

당신이 골프에서 무조건 승리하고자 한다면, 긴장된 상태에서 경기를 하게 되고, 과도한 부담감으로 가벼운 경련을 일으키면서 라운드로 갈 것이다. 게다가 기대치를 지나치게 높게 잡고서 경기에 임하면, 결국에는 "나는 한 번도 이렇게 나쁜 결과를 가져 본 적이 없어!"라는 말만 남기게 될 것이다.

집착하지 않는 것은 밀물과 썰물 같고, 어떤 것을 주면 언젠가는 그것을 돌려받는다.

당신이 의식적으로 기대를 하지 않는다면, 인생의 많은 상황을 결정적으로 변화시킬 수 있다. 잘못된 기대를 하지 않는 한 더 이상 불만족스럽지 않을 것이다. 12홀에서 이미 그 사실을 알아차렸다. 목표는 집착해야 하는 것이 아니다. 목표는 기대하는 것이 되게끔 세상과 연관시켜야 한다. 기대에 집착하지 않는다면, 당신의 인생은 기쁠 것이다. 아무것도 기대하지 않기 때문에 더 많은 것을 쉽게 수용할 수 있다.

기대하지 않기

> **연습 : 인생의 짐에 집착하지 않기**
>
> 어디에서 무엇에 집착하지 않아야 하는지에 대해 생각해 보았는
> 가? 당신의 인생의 짐을 풀어 지금 바로 기입한다.
>
> ....
>
> ....
>
> ....

기대를 접고 난 뒤에야 스트레스가 훨씬 적다는 사실을 알아차
렸을 것이다. 우리는 불안 · 선입견 · 분노 · 불성실 · 파트너십
문제 · 질병 · 매출 · 핸디 개선 그리고 다른 많은 것들에 대해
집착하지 않을 수 있다.

▍굉장한 경험 : 몰입(Flow)

당신의 목표를 달성하면 멋진 경험을 할 수 있다. 골프 경기에
서 샷이 능숙하고, 원활하고, 순조롭다는 느낌을 받는다. 고도
의 정신 집중을 하지만 에너지는 거의 소모하지 않는다. 정신
집중은 힘이 들지 않고 저절로 진행된다.

몰입 체험　　비즈니스에서 야심찬 상담 목표를 설정했지만 판매 상담이 거
의 저절로 진행된다면 이 몰입 상태를 체험하게 된다. 또는 갑
자기 머릿속에서 발휘되고 분류되는 복잡한 계획에 집착하고
있다면 이제 계획을 적어 두기만 하라. 그리고 나중에 생각해

본다. "내가 어떻게 이것을 했는가? 시간이 어쩌면 이렇게 빨리 지나갔는가?" 이 상태를 심리학 교수인 미할리 칙센트미하이(Mihaly Csikmentmihalyi) 박사는 '몰입(Flow)'이라고 이름을 붙였다.

프로 선수들은 명상 기술로 몰입의 인위적 상태에 도달하려고 한다. 이때 그들은 자신들이 한 팀이고 주위 환경으로부터 완전히 차단되어 있다고 상상한다. 그들은 외부의 영향을 받을 수 없다. 그래서 경기에 완전히 집중할 수 있다고 생각한다. 이 연습은 몰입에 도달하는 데 확실히 도움이 된다. 한 가지 일에 집중하면 자연스럽게 특유의 몰입이 생긴다. 라인홀트 메스너(Reinhold Messner)는 등산에서 몰입을 체험했을 뿐만 아니라 이 느낌 때문에 쓸데없는 것에서 벗어나고, 어떻게 하면 편안해지는가를 안다. 그에게서 몰입은 모든 것에 집착하지 않아서 과제에 완전히 익숙해지는 절대적인 정신 집중으로 생기는 것이다.

스포츠에서의 몰입

예술가들이 어떻게 그림을 그리는지 관찰해 보면, 그들은 자주 주변 환경을 지각하지 못하는 상태에 있다는 것을 확인할 수 있다. 자신의 주변에 있는 모든 것들을 잊어버린 것처럼 보일 만큼 예술가들은 작업에 몰두한다. 루드비히 반 베토벤(Ludwig van Beethoven)은 이 몰입 상태에서 작곡을 했고, 모든 다른 예술가도 아마 이 느낌을 알고 있을 것이다.

예술에서의 몰입

라운딩을 하는 동안 오직 자신의 경기에만 집중하는 골퍼들에 대한 보고를 들을 수 있다. 그들은 몰입 상태에 있었다. 주위 사람들, 식사, 음료, 더구나 시간은 중요하지 않은 것처럼 보인다. 당신도 일, 취미, 또는 스포츠에서 그러한 상태를 경험해 본 적이 있는가? 몰입을 체험하는 동안 신체에 있는 세로토닌, 즉 행복 전달 호르몬이 반응한다.

몰입은 다음처럼 멋진 느낌이다.

- 전적으로 생산적인
- 시간에 집착하지 않는
- 자아를 잊어버리는
- 과제에 몰두하는
- 부유한다고 생각하는
- 파도로 운반된다고 생각하는
- 더 이상 시간을 지각하지 못하는
- 목표를 분명하게 상상하는
- 우리에게 많은 에너지를 공급하는
- 우리에게 절대적 행복감을 부여하는
- 두드러진 결과를 산출해 내는
- 만족하고 자부심을 가지는
- 모든 능력이 100%까지 발휘되는
- 거의 애쓰지 않고 목표를 달성하는
- 모든 육체적 · 정신적 에너지가 통합되어 있는

모든 사람은 몰입을 체험할 수 있다. 몰입은 우리가 행하는 활동과는 별개이다. 우리가 행하고자 하는 것을 어떤 관점에서 착수하는가가 중요하다. 아주 열정적으로 어떤 일에 전념하는 것을 두려워하는 사람은 몰입을 체험하지 못할 것이다. 모든 것에 집착하지 않는다는 신념으로 자신을 망각할 때 전해지는 느낌을 느낄 따름이다. 만일 활동에 집중한다면(15홀 참조) 몰입은 나타날 것이다. 하지만 요즘처럼 분주한 세상에서는 쉽지 않다. 몰입은 우리가 만들어 낼 수 없는 느낌이지만 몰입을 위한 온상(溫床)을 마련할 수는 있다.

비즈니스에서 몰입을 느끼려면 어떻게 해야 할까? 예를 들면 다음과 같이 행동으로 유익한 환경을 만들 수 있다.

비즈니스에서의
몰입

- 주당 4시간 동안 전화를 돌려 놓거나 끊어 버린다.
- 몇 시간 동안 대화하지 않는다.
- 반나절 동안 사무실 문을 닫아 버린다.
- 잠깐 동안 산책을 한다.
- 왼쪽 뇌와 오른쪽 뇌를 조화시킨다.
- 아름다운 사진을 구경한다.
- 메모지에 스케치를 한다.
- 분주하지 않게 활동을 시작한다.
- 책상에서 벗어난다.
- 해변에서 바다를 내다본다.
- 그림을 그려 본다.
- 음악을 연주하거나 듣는다.
- 성적에 대한 압박감 없이 골프를 한 라운드한다.
- 책이나 기사를 쓴다.

몰입 체험에서 자아1은 얼마 동안 사라져 버렸거나 무기력하다. 자아2는 자기 자신에 이르게 된다. 몰입은 자아2의 자연스러운 정신 상태다. 몰입은 잠든 것처럼 강요할 수도 없고 훈련시킬 수도 없다. 그러나 연습과 집중, 지각으로 이 체험을 쉽게 경험할 수 있는 토대를 만들 수 있다. 이 체험은 언제든지 일어나고 진행된다.

몰입에 이르는 4개의 문 :
- 긴장해서 주의하게
- 분명한 목표
- 자신의 능력에 대한 강한 신뢰
- 자신에 대한 의구심 탈피

비즈니스에서나 골프 경기에서 몰입 상태는 다음을 뜻한다.
- 실적이 당신의 가장 훌륭한 성과이거나 유사하다.
- 당신은 저절로 기쁨을 느끼고, 하는 일을 즐긴다.
- 당신은 배운다(제1홀 참조).

▌지속적인 분석이 필요한가?

지나친 자기 비판하지 않기　잘못된 샷을 한 다음에 우리는 분석하기 시작한다. 즉 무엇을 잘못했는가? 균형을 잡지 못했는가? 너무 강하게 샷을 했는가? 어깨를 잘못 돌렸는가? 머리를 너무 빨리 들었는가? 백스윙이 너무 높았는가? 그리고 다시 시도하고 수정한다. 우리가 혼란을 겪어서 자의식이 무(無)나 다름없이 될 때까지는 대부분 오랜 시간이 걸린다.

어쨌든 당신은 이 전체 프로그램을 삭제하거나 집착하지 않으려고 애써야 한다. 몇 개의 샷의 과제는 샷램을 단순하게 수용하는 것이다. 이것이 바로 우리가 원하고 있는, 아주 쉽게 샷을 하는 것이다.

심한 불안감으로 완전히 경직된 상태에서 프레젠테이션을 했던 적은 없는가? 당신은 여기서 훌륭한 트레이너에게 프레젠테이션이 어떻게 실행될 수 있는가에 관한 많은 규정과 힌트를 받았을 것이다. 그리고 당신은 그 규정과 힌트에 매혹되었을 것이다. 여기에서도 낡은 규정에 집착하지 않아야 자신도 납득할 수 있는 개성이 나타날 수 있다.

지속적으로 완벽하고자 하는 사람은 큰 스트레스만 받을 뿐 자신의 목표를 거의 달성하지 못할 것이다. 삶과 일에 늘 있는 것이 바로 타협이다. 항상 완벽하고자 하는 사람은 행복해질 수 없다. 완벽주의자들은 목표 달성을 기뻐하는 것이 아니라 계속해서 실수를 찾으려고 한다. 일을 하자 없게 하자. 그러나 완벽하려 들지는 말자. 완벽과 확신에 조금 손상을 입더라도 생의 기쁨을 한 조각 얻자.

완벽하기 대신에 하자 없이 하기

외부의 방해에 대해서 가끔 감사해 보자. 왜냐하면 우리가 거부한 것에 대한 책임을 다른 어떤 사람에게 돌리는 근거를 마련하기 때문이다. 그러나 정말로 누구에게 책임이 있는가? 방해에 대한 당신의 생각을 바꾸어라. 골프 경기에서(비단 골프 경기뿐만 아니라) 일어나는 방해는 자연스럽고 필요하다. 방해를 받으면서 경기해 보자(제14홀 참조). 골프 경기에서 무엇인가가 당신을 방해한다면, 방해를 아주 기분 좋게 받아들이고 말한다. "야! 너는 도대체 여기서 무얼 하려고 하냐? 내 경기에서 나

새로운 지식의 방해

경기와 성공에 대해 모든 사람은 스스로에게 책임이 있다. 방해 때문에 정신이 산만해진다. 그러나 자신이 이것을 어떻게 다루느냐가 중요하다.

를 방해할 수는 없을 거야. 나는 아마 잠시 뒤에나 너를 위해 시간을 낼 수 있을지도 모르겠다."

모든 과제에 대해 성공한 사람은 더욱 긴장이 풀어지고, 자유로워지고, 자신이 생긴다. 하지만 높은 기대와 부정적인 생각은 방해가 된다. 높은 기대와 부정적 생각을 전혀 염두에 두지 않도록 한다.

체크 리스트

- 과도한 기대에 집착하지 않으면 당신은 목표를 달성한다.
- 현실적이고 달성 가능한 목표를 설정한다. 과도한 목표는 좌절감만 맛보게 한다.
- 과제를 잘 해결하기 위해 필요한 시간을 투자한다. 완벽하게 해결하려면 몇 배의 시간이 필요하다.
- 결함이 있는 것을 의도적으로 매일 행하고 즐거워하자. 다른 사람

들은 피드백을 통해서 시각(視覺)을 확장시킨다.

■ 다른 사람의 능력을 신뢰하라. 중요한 과제도 위임하고 "내가 너를 신뢰한다."는 것을 다른 사람에게 보여준다.

■ 다른 사람들이 오류를 범하게 하라. 당신이 주변 사람들을 지속적으로 비판하면 고루한 분위기를 조성하게 되어 인기가 없어진다.

■ 방해를 창조적으로 다룬다.

17. 직관 — 내면의 레이더 시스템

> "직관은 초고속의 예지다."
>
> — 이탈리아 격언

이번 홀에서 배워야 할 것

- 직관은 무엇이며 어떤 기능을 발휘하는가?

- 당신은 직관적 정보를 어떻게 입수하는가?

- 당신은 직관에 어떤 질문을 제시할 수 있으며, 그 질문을 어떻게 설정하는가?

골프에서의 직관

그린 100m 앞에 당신이 있는데, 지금의 위치가 그린보다 훨씬 높다. 통상적으로 이것은 9번 아이언으로 쳐야 하는 샷이다. 그러나 7번 아이언이 계속 당신 머릿속을 맴돌고 있다. 당신은 어떻게 할 것인가? 그동안의 경험 때문에 9번 아이언을 사용하는가, 아니면 직관적 영감에 의해 7번 아이언을 사용하는가? 실력 있는 선수들의 경험에 따르면, 어떤 상황에서 머리에 떠오른 클럽이 대부분 적절한 것이라고 한다.

당신은 회사에서 결원된 자리에 지원자를 선발해야만 한다. 세 명의 지원자 중에서 한 명이 적절한 사람이다. 누구인가? 이 경우에도 당신의 직관이 적절한 결정을 내리는 데 도움이 된다.

당신은 비즈니스에서 발생하는 이런 상황을 알고 있는가?

당신은 판매 상담에서 어떤 결과를 성취할 것인가를 처음부터 알고 있다. 당신이 협상을 주도했기 때문이다. 당신은 설득력 있는 프레젠테이션으로 무엇을 이룰 수 있는지 알고 있다. 당신은 결정을 내려야만 하고 결정을 내리는 동안에 이른바 어떤 영감이라는 게 있기 때문이다.

이 모든 상황에서 당신의 직관은 완전한 자유의지로 발현하게 된다.

비즈니스에서의 직관

이렇게 중요한 정보를 이용하는 능력이 유감스럽게도 우리 교육 환경에서는 계발되지 않았다. 오히려 위축되어 있다고 할 수 있다. 우리는 이 사실을 알지 못하지만 직관이 모든 결정에서 역할을 하고 있다. 정보를 얻는 탁월한 방법을 더욱 상세히 들여다보자.

우리의 교육은 직관을 등한시한다

두 번째 뇌

학자들은 그동안 위·장·식도 사이에서 '두 번째 뇌'를 찾아냈다. 이른바 장의 신경 체계에는 약 10억 개의 신경 세포가 있다. 이 '두 번째 뇌'는 느끼고 생각하고 무엇을 결정할 때도 개입한다. '두 번째 뇌'는 전화선처럼 미주 신경으로 뇌와 연결되어 있다. '두 번째 뇌'의 발견으로, '직관'을 부정하던 대부분의 '복부 판단 회의론자'가 없어졌다. 따라서 경영자도 논리적 사고력을 무조건 따를 필요가 없다. 복부의 뇌가 "네"라고 말하면 세로토닌, 즉 행복 전달 호르몬이 분비되어 우리는 기분이 좋아진다. 복부의 뇌가 "아니오"라고 말하면 그다지 기분이 좋지 않다. 이때는 결정을 다시 생각할 때다.

4개의 정보 근원　결정을 내려야 할 때마다 우리에게는 4개의 정보 근원이 있다.

1. 우리가 그것에 대해 무엇을 알고 있는가?(풍부한 경험과 지식)
2. 우리는 그것과 관련해서 무엇을 느끼는가?(느낌과 감정)
3. 우리는 그것에 대해서 직관적으로 무엇을 밝혀낼 수 있는가?(직관)
4. 우리는 그것에 대해서 무엇을 생각하는가?(해설과 판단력)

매우 중요한 세 번째 정보 근원인 직관과의 관계가 아쉽게도 우리의 학교 교육 때문에 다소 없어졌다. 그러나 지금 우리는 직관의 언어를 듣는 법을 배울 수 있다. 지금까지는 직관이 어떤 역할을 하는지 명확히 알지 못했다. 직관은 확실하지 않은 느낌이라고 너무 쉽게 치부된다. 많은 사람들이 직관적 영감을 합리적 소견으로 없애는 경향도 있다. 물론 모든 사람은 직관적 정보 몰입을 지속적으로 간직한다. 두뇌 지식과 느낌은 처음부터 분리되어 있는 것으로 여겨져 왔지만, 나중에 모든 것은 전체와 관련되어 있다는 것이 밝혀진다.
여기에 몇 개의 직관 연습이 제시되어 있다.

> **연습 : 직관 신뢰하기**
>
> ■ 자신의 직관과 시간 감각을 신뢰하고, 시계를 보지 않고 달걀 반숙을 한다. 처음부터 포기하지 않는다.
>
> ■ 사무실에서 전화벨이 울릴 때, 수화기를 들기 전에 누가 전화를 했는지 잠깐 생각한다.
>
> ■ 거래처와의 계약 인도일에 도로가 막혀 약속 시간이 아슬아슬하다면, 자동차를 임시로 근처에 세워 두고 서둘러 걸어가 보자. 이때 당신의 내면적 레이더 시스템을 테스트해 본다. 당신은 차츰 공간과 목표에 대한 감각을 갖게 된다.
>
> ■ 모르는 사람의 사진을 볼 때, "이 사람은 무엇을 체험했을까? 뛰어난 면은 무엇일까? 어떤 장단점을 가지고 있을까?"를 생각한다.

직관이란 무엇인가?

직관은 정보를 획득하는 한 가지 방법이다. 바깥세상에는 당신이 지각할 수 있는 메시지가 있다. 그런데 직관은 오감의 지각이나 기억, 감각에 근거를 두고 있지 않다. 이와 같은 것들은 나중에 해석을 할 때만 이용된다. 여성 트레이너인 라우라 데이(Laura Day)는 다음과 같이 정의한다.

"직관은 질문에 대답하기 위해 모아서 해석해 놓은 비일률적이고 비경험적인 과정이다."

직관의 4가지 특징　　직관의 4가지 요소가 특히 관심을 끈다.

1. 비일률적 과정

일률적 과정은 전제, 사실이나 증거에서 시작된다. 이에 반해 어떤 것도 직관의 기초가 되지 않는다. 직관에는 분명히 영감이 있다.

2. 비경험적 과정

당신이 전혀 알지 못하는 주제에 대해 직관을 통해 대답할 수 있다. 실험과 경험적 지식에 근거를 두지만 사실과 데이터에 근거를 두지 않아도, 당신은 해석을 통해 경험적으로 얻게 되는 직관적 인상을 가질 수 있다.

3. 정보 해석

직관은 대부분 상징이나 이미지로 전달된다. 직관으로 모아진 정보가 사용될 수 있기 위해서는 해석이 필요하다. 이 감각 이미지는 고도로 발전된 의사소통의 형태이다.

4. 질문에 대한 대답

직관의 정보 과정은 명백한 질문으로 진행된다. 적절한 질문은 직관을 예리하게 하고, 주위 환경은 당신이 적절한 문제를 지각하도록 도와준다. 직관은 의식적으로 제시된 질문에 대답하지 않는다. 상투적인 오감에 대한 이해력이 지각할 수 있는 것을 초월해 있는 정보와 에너지에 당신은 질문하는 방식으로 접근한다.

직관은 초자연적인 능력으로 행하는 것이 아니다. 유년 시절에 당신은 훨씬 더 직관적으로 행동했다. 그렇지만 학교 체계 때문에 일방적인 이성 감각이 우리의 직관 감각을 대신하게 된 것이다.

적절한 질문은 어떻게 하는가?

직관으로 적절한 대답을 듣고자 한다면 적절한 질문으로 직관을 활성화해야 한다. 당신이 질문하고자 하는 것을 정확히 표현해야 하며, 애매하게 해석해서는 안 된다.

유용한 대답을 얻기 위한 좋은 질문은 다음의 전제 조건을 충족시켜야 한다.

- 질문은 명확한 대답이 가능하도록 정확하고 분명하게 표현되어야 한다.
- 질문은 단순해야 하며, 몇 개의 하위 질문으로 이루어져서는 안 된다.
- 당신이 알고자 하는 것과 정확히 관계되는 하나의 질문을 해야 한다.

애매한 질문의 예를 들면 다음과 같다.
- 내가 충분히 돈을 가질 것인가?(얼마가 '충분히'인가? 이것은 겨우 생활할 만큼만 충분하다는 의미일 수도 있다.)
- 내가 행복해지는가?(무엇이 '행복'인가? 사회가 정의한 행복이 당신의 정의와 반드시 일치하는 것은 아니다.)

- 비가 올까?(어디에선가는 분명 비가 올 것이다.)
- 내가 훌륭한 골프 선수가 되겠는가?(당신은 언제 얼마만큼 훌륭할 수 있는가?)

당신의 질문에서 명확하고 적절하게 표현된 것처럼 이 체크 리스트가 비즈니스에서 자주 도움이 될 것이다. 우리가 이 점을 인정한다면 분명히 의사소통은 더욱 좋아질 것이다. 마찬가지로 상대방의 대답도 더욱 명백해질 것이다.

▌직관의 언어

간접적인 언어　많은 사람들은 직관이 문장이나 분명한 이미지로 전달된다고 생각한다. 유감스럽지만 그 반대의 경우도 자주 있다. 즉 직관적 영감의 결과로 감각이 생기기 위해서는 영감은 해석되어야만 한다. 직관의 정보를 확실하게 받을 수 있다 해도 단편의 이미지와 상징이 직관을 간접적으로 전달한다. 다시 말해 직관의 언어는 분명하지 않다. 그러므로 잘못된 해석 때문에 잘못된 결정을 내리는 경우가 있을 수 있다. 하지만 약간의 연습과 경험으로 직관의 언어를 올바르게 배우고 해석할 수 있다. 그러면 당신이 얻은 이미지는 더욱 빨리 이해될 것이다.

모든 사람은 직관으로 가는 길을 스스로 찾아내야만 한다. 이때 긴장 완화 연습, 호흡 기술과 이미지지화가 확실히 유용하다. 몰입의 상태(16홀 참조)에서 당신은 직관적으로 적절한 행위를 할 것이다.

연습 : 잠재의식 조회하기

당신은 라운드에서 퍼트하기 전에 잠재의식에게 질문한다. 즉 내가 얼마나 강하게 퍼트를 해야 하는가? 그리고 여러 강도(强度)로 몇 번의 연습 스윙을 하자. 연습 스윙을 하는 동안에 거리에 대한 적절한 정보를 얻으려고 노력한다. 직관으로 당신이 얻을 수 있는 정보는 새로운 개별 경험을 통해 더욱 풍성해진다.

연습 : 샷 평가하기

매번 티샷을 하기 전에 다음 홀에서 몇 번의 샷을 해야 하는지 생각한다. 이때 직관이 당신을 유도하게 한다. 생각을 메모하고 결과를 기록한다. 결과를 당신의 생각과 비교해 본다. 물론 자기 자신에게 솔직해야 한다. 공명심과 현실을 반드시 구별한다. 내면의 목소리를 인식하기 위해서 인내와 연습이 필요하다.

연습 : 동반 경기자의 퍼트 평가하기

라운드할 때 그린에서 동반 경기자가 퍼트하는 것을 바라보는 동안에도 직관을 단련할 수 있다. 동반자의 퍼트 거리와 방향을 생각해 본다. 그리고는 퍼트하는 중이라면 다시 한 번 퍼트의 거리를 평가한다. 퍼트가 짧지 않을까? 타깃을 지나칠까?

연습 : 적절한 클럽 선택

연습 라운드를 하는 동안 당신이 친 공이 있는 쪽으로 가까이 갔을 때 저절로 클럽이 결정될 수 있다. 이때는 오래 생각하지 않는다. 경기에 나온 선수들의 경험에 따르면, 저절로 첫 번째로 결정하는 클럽이 9 이상 적절하다고 한다.

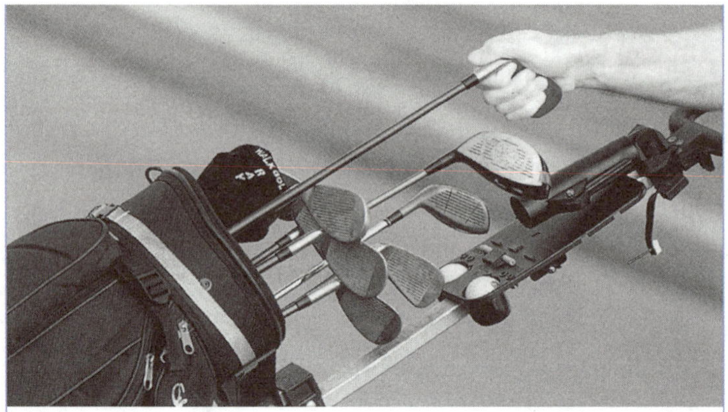

직관은 대개 정확하다. 첫 번째 클럽은 평상시 그대로이며, 첫 번째 생각은 적절한
경우가 많다.

연습 : 직관 – 퍼트 – 경기

퍼팅 그린 없이도 다음과 같은 연습을 할 수 있다. 다양한 타깃을
향해 여러 번 해 보라. 샷을 한 뒤 경기자가 눈을 감고 자기 공의
위치를 예측해야 한다. 지시에 따라 동반자는 타깃과 비교하면서
표지를 놓는다. 공의 위치도 표시된다. 공의 위치에서 가장 적게
떨어진 경기자가 그 라운드에서 승리한 것이다.

연습 : 타인의 행동 평가하기

동료나 라이벌의 행동과 실적을 관찰해 본다. 그전에 당신은 어
떤 범위 안에서 결과나 성공을 평가하는가? 당신의 평가는 나중
에 달성된 결과와 얼마나 차이가 나는가?

연습 : 상황 선취하기 – 일자리를 위한 연습

당신은 중요한 상황에 마주쳤을 때 직관적으로 결과를 예측할 수 있다. "나는 오늘 얼마나 많은 매상을 올릴 수 있는가?", "대화가 어떻게 끝날까?", "설득력 있는 프레젠테이션으로 어떤 결과가 드러날 것인가?" 등을 생각한다.

당신 내면의 목소리, 즉 직관에 귀를 기울인다.

체크 리스트

■ 우리의 모든 결정에서 직관이 역할을 한다. 결정은 다음의 내용으로 설명된다.
– 우리가 결정에 대해 알고 있는 것
– 우리가 결정과 관련해서 느끼고 있는 것
– 우리가 결정에 대해 직관적으로 밝혀낸 것
– 우리가 결정에 대해 생각하고 해석한 것

■ 직관에 대한 질문
– 분명하고 정확하게
– 간단히
– 명백한 관계로 자세히 표현되어야만 한다.

■ 대기 시간에 직관에 대한 지각을 교육한다.

18. 긴장 완화와 호흡

> "골프장에서 생기는 스트레스를 다루는 법을 배운 비즈니스맨은 자기 경영에 대한 일련의 고뇌를 줄일 수 있고, 사업장을 위해 일련의 돈을 절약할 수 있다."
>
> — 티모시 갈웨이 W. Timothy Gallwey, 경영 트레이너, 전(前) 미국 테니스 프로 선수

이번 홀에서 배워야 할 것

- 긍정적 스트레스와 부정적 스트레스의 차이점은 무엇인가?
- 당신은 언제, 왜 긴장 완화 단계를 계획해야 하는가?
- 호흡 연습이 긴장 완화 과정에 어떻게 도움이 되는가?
- 긴장 완화로 어떻게 힘과 속도를 상승시킬 수 있는가?

당신은 중요한 계약 인도일에 문건을 수송하는 중이다. 조금 늦게 출발해서 도로는 정체되어 있다. 중요한 인도일이기 때문에 내적으로 매우 흥분된다. 손바닥에 땀이 나서 축촉하고, 몸이 더워졌다가 다시 추워지는 현상을 느낀다. 더구나 당신의 심장은 불규칙적으로 뛰기 시작한다. 간단히 말해 당신은 스트레스를 받고 있다.

시간의 압박, 회의들, 판매 기한 그리고 골프 경기들 때문에 우리는 스트레스를 받는다. 사회 생활하는 모든 사람들은 스트레스 때문에 괴로워한다. 뿐만 아니라 스트레스는 사람을 아프게 할 수도 있다.

긴장 완화가 필요하다

스트레스는 두 종류로 구별한다.

긍정적 스트레스

이런 종류의 스트레스는 오히려 자극제가 되고 에너지를 마음대로 쓸 수 있게 한다. 일이 즐겁고, 일을 행한 후에 좋은 느낌을 갖는다면 일이 많다는 것이 무조건 해롭지만은 않다. 스트레스는 신체 중심의 내면적 균형이 평정을 잃어버린 것을 의미한다. 문제는 우리가 어떻게 이 효과를 느끼느냐는 것이다. 긍정적이라면 스트레스는 건강에 좋고 새로운 힘을 솟아나게 할 것이다.

자극적 스트레스

부정적 스트레스

에너지를 절약하는 것과 그의 생각을 통제하는 것이 대부분의 사람들에게는 매우 어렵다. 그들은 과제를 완수하는 동안 그들의 생각은 전혀 다른 문제를 생각하고 있다. 즉 "내가 어제 무엇을 잊어버렸지?", "내가 다음에 무엇을 해야 하지?", "다음 골프 경기는 어떻게 될까?" "내가 관심을 두고 싶어 하는 것은 무엇인가?", "시간은 충분한가?", "다음 프레젠테이션이 실패

디스스트레스
(Disstress)

로 끝나면 어떻게 되는 거지?" 스트레스 감각을 부정적으로 느끼면 해로운 결과가 생길 수 있다. 부정적 스트레스는 수면 장애·고혈압·심장 질환·소화 불량·성적 이상 또는 천식 같은 호흡기 질병을 불러일으킨다.

비즈니스, 스포츠 또는 파트너십에서 점점 더 많은 성과가 요구될 뿐만 아니라 압박감 또한 높아진다. 우리의 지각과 필터는 변하고, 사소한 문제가 실제보다 더 나빠진다. 언젠가는 우리의 신체가 "멈추시오. 더 이상은 안 됩니다!"라고 말할 것이다. 그리고는 이상이 생길 것이다. 이 이상 현상이 의학적으로 '졸도' 또는 '심근 경색'을 의미한다.

긴장 완화 기술은 스트레스의 부정적인 영향에 대항하는 자연스러운 방법이다. 당신은 완전한 휴식으로 힘을 보충할 수 있다. 긴장 완화는 몸을 편안하게 하고 집착하지 않는 것을 말한다. 즉 매일의 과제, 당신을 방해하는 생각, 긴장, 경련, 의심과 불안에 집착하지 않는 것이다. 당신은 긴장 완화 상태에서 또 다른 과제를 위해 다시 에너지를 보충할 수 있다. 그러므로 목표를 달성하기 바로 전에 방해를 극복하는 힘이 생긴다.

긴장 완화의 작용　무엇 때문에 긴장을 완화해야 하는가?
- 스트레스를 풀 수 있다.
- 고갈된 에너지가 충전된다.
- 왼쪽 뇌와 오른쪽 뇌가 서로 조화를 이룬다.
- 상상력, 창조성 그리고 직관이 길러진다.
- 좋은 아이디어는 대부분 긴장 완화 상태에서 생긴다.

- 건강에 이롭다.
- 산소 공급이 개선된다.

다음 페이지에서 몇 가지 긴장 완화 방법을 제시하려고 한다. 당신에게 권하지 않는 것은 자발성 훈련이다. "팔이 무겁고, 다리도 무겁고, 몸도 무겁다." 등의 상투적인 말을 자주 쓰면 다음과 같은 결과가 나타난다. "생활이 어려워진다. 과제를 해결하는 것이 버겁다." 당신은 이런 결과를 원하는가? 부정적 이미지가 당신의 성공에 비생산적이라는 것을 이미 경험했다.

경기 전의 긴장 완화는 선수에게 매우 중요하다. 그렇지 못하면 근육과 팔다리가 무겁고 유연하지 못할 것이다. 신체도 둔하게 반응할 것이다. 자발성 훈련은 정신 의학의 몇 가지 영역에서 전적으로 도움이 될 수도 있다. 물론 다른 기술도 도움이 될 수 있다.

언제 긴장 완화가 필요한가?

워밍업이나 준비 전에

대화 또는 프레젠테이션을 하기 전에 워밍업 단계나 준비 단계에서 잠깐 동안 긴장 완화하라. 이것으로 신체와 감정의 건강 상태를 강화하고 다시 충전할 수 있다.

새로운 것을 배울 때

집중력에 달렸지만, 학습하는 과정에서 일정한 시간이 지나면 클라이맥스에 도달한다. 이 단계를 넘어선 다음에는 배운 것을 다시 쉽게 잊어버리는 일이 생긴다. 수업과 긴장 완화 단계가 서로 조화롭게 이루어진다면 학습 효과는 더욱 높아질 것이다.

부담을 느끼기 전에

정신적·신체적인 부담을 느끼기 전에 당신은 긴장 완화 단계를 거치면서 다시 에너지를 채울 수 있고, 에너지가 균형을 유지하는 것을 알 수 있다.

부담을 느낀 다음에

긴장 완화는 긴장한 후에 대단히 좋다. 특히 스포츠에서 스트레스를 받은 후나 신체적 긴장 후에 긴장 완화 연습으로 균형을 이루게 될 것이다. 이 밖에도 신체적 긴장을 해소함으로써 경련과 과도한 긴장으로 인한 통증을 피할 수 있다.

이미지화하기 전에

모든 이미지화 연습은 긴장 완화를 시작으로 한다. 긴장이 완화되어야 당신의 뇌는 이미지 연습 효과를 상승시킬 수 있는 창조적이고 집중된 상태가 된다. 긴장 완화의 주기(週期)를 통해 삶의 모든 영역에서 나타나는 조화를 배려할 수 있게 된다. 이렇게 긴장 완화는 풍부한 가능성이 있다.

긴장을 완화하는　　■ 스포츠 활동에 적극적이다.

가능성들　　　　■ 취미를 즐긴다.

　　　　　　　　■ 산책을 한다.

　　　　　　　　■ 가끔 게으름을 피운다.

■ 낮잠을 자곤 한다.
■ 흥미 있는 일에 전념한다.
■ 호흡 연습을 한다.
■ 의식적으로 긴장 완화 연습을 한다.

골프를 통해서 근육을 너무 자주 긴장시킨다는 것을 알 수 있　　신체 경련
다. 과도하게 긴장되는 몇 개의 근육 때문에, 결과적으로는 자
유롭게 긴장이 완화되고 움직이는 다른 근육까지 방해를 받는
다. 불필요한 근육의 긴장이 완화되지 못하면 다른 종류의 긴
장이 나타날 수 있다. 이것이 바로 골프 경기자가 느끼는 등 통
증의 원인이 되기도 한다. 다시 말해, 백스윙이나 팔로우 스루
스윙할 때 사용하지 않는 근육이 긴장된다면, 이 근육은 팽창
과 파열을 하게 되고 이로 인해 등의 통증을 불러올 수 있다. 긴
장과 경련에 대한 세 번째 원인을 우리는 근육 긴장의 시간 관
리에서 인식하고 있다. 움직이는 도중의 잘못된 순간에 근육은
긴장하고 또 완화되는 것이다.
헐떡이는 진행자, 경련을 일으킨 채 일하는 판매원, 말을 더듬
거나 공격적이 되는 대화 상대 등 수많은 상황에서도 이런 경
련을 지각할 수 있다.

우리의 몸은 근육의 수축과 이완을 통해 힘을 얻는다. 따라서　　힘과 속도 올리기
힘을 얻는 것은 긴장보다는 각 근육의 조정이 더 관련이 깊다.
강한 힘으로 샷을 하는 것보다 유연한 스윙이 더 멀리 날아가
는 이유도 바로 그것이다. 말하자면 긴장과 긴장 완화의 조화
로 인해 샷의 거리와 깊은 관계가 있는 클럽 헤드의 속도가 나
온다. 그러므로 타이밍이 각 근육의 힘보다 더 중요한 것이다.

그런데 스윙을 하는 동안에(어려운 상황에서) 전체 근육을 의식적으로 통제하고 조정할 수 있는가? 어느 누구도 그럴 수는 없을 것이다! 자신에게 얼마나 자주 "마음을 편안히 하고 긴장을 완화하자!"라고 말하는지 생각해 보자. 그런데 어떤가? 대부분 전보다 더 경직된다. 근육의 긴장을 완화하고 적절한 시기에 근육을 긴장시키기 위한 연습과 테크닉으로 각 근육을 통제하려는 것이 아니라, 움직임에 대한 지각을 학습시키고 전체적인 스윙의 시작 부분을 주의 깊게 관찰하려는 것이다.

 **긴장이 완화된 신체와 정신은 최고의 기록을 달성한다.**

당신은 개인적인 편애에 따라 다르지만 비즈니스에서처럼 스포츠에서나 다른 상황에서 할 수 있는 다양한 긴장 완화 연습을 배우게 될 것이다.

연습

일반적인 긴장 완화

긴장이 완화된 상태로 서서 다리는 어깨 넓이로 벌리고, 무릎은 가볍게 구부린다. 상체는 곧게 펴고 눈을 감는다. 호흡을 들이쉴 때마다 팔을 위로 올린다. 호흡을 내쉴 때는 무언가를 누르듯이 손바닥을 아래로 한다. 이것으로 당신은 나쁜 에너지를 간단히 아래로 밀어 버릴 수 있다. 스트레스가 없어진다고 느낄 때까지

복부로 호흡을 들
이쉴 때 팔과 손을
위로 올린다.

호흡을 내쉴 때 손
바닥을 아래로 누
른다. 긴장이 어떻
게 사라지는지를
느껴 본다.

이 연습을 적어도 5~7회 정도 반복한다.

연습장에서의 긴장 완화

샷을 할 때 몸의 경직을 완화하고 근육의 긴장을 완화한다. 의식적으로 '후 ~' 하고 호흡을 내쉬면서 스윙을 하라. 아주 경쾌하게 압박감 없이 팔로우 스윙의 끝까지 긴장을 완화한 채 입으로 호흡을 내쉰다. 여기에서 의식적으로 내면의 소리에 귀를 기울인다. 일정한 소리와 일정하게 내쉬기가 목표여야만 한다.

라운드에서의 긴장 완화

목소리를 몸의 증폭기로 이용한다. 스윙할 때 당신이 '윙' 하고 소리를 낸다면 근육의 긴장과 경련을 꼼꼼하게 알 수 있다. 혼자서 샷을 할 때도 마찬가지로 '윙' 소리를 내면서 스윙하는 동안에 나타나는 '윙' 소리의 변화에 관심을 기울인다. 이때 소리의 높이가 올라갈 수도 있고 내려갈 수도 있고, 크거나 작을 수도 있기 때문에, 전체 '윙' 소리는 부분적으로 잘게 분할된다. 그러므로 일련의 연습 샷에서 '윙' 소리가 한결같아지는 것이 당신의 과제다. 한결같은 '윙' 소리는 샷에 어떤 효과를 미치는가? 사실 '윙' 소리는 아무런 효과도 없다. 하지만 당신의 사고를 통제함으로써 많은 근육의 긴장이 완화되어 스윙이 더욱 유연하고 편안해진다. 잘 적중하고 기분이 좋아진다. 스윙의 특징을 이해할 수 없다고 해도 당신의 스왕 특징은 변화될 것이다.

호흡 훈련

위에서 기록된 기본 자세로 다음 연습을 한다. 이때 팔은 상체 옆에 편안하게 둔다. 어깨도 긴장을 완화한다. 어깨를 위로 당기지 않도록 주의한다.

숨을 내쉰다. 숨을 깊이 들이쉰다. 소리가 크게 들리게 내뱉는다. 다섯 번 반복한다. | 호흡 연습 1

숨을 내쉰다. 3초간 숨을 깊게 들이쉰다. 들이쉰 상태에서 3초간 멈춘다. 3초간 숨을 내쉰다. 다섯 번 반복한다. | 호흡 연습 1

숨을 깊게 들이쉰다. 매번 다른 모음(a - e - i - o - u)으로 숨을 내쉰다. 열 번 반복한다. | 호흡 연습 3

코로 숨을 들이쉬고 내쉰다. 이번에는 입으로 숨을 들이쉬고 내쉰다. 다음엔 동시에 입과 코로 숨을 들이쉬고 내쉰다. 다섯 번 반복한다. | 호흡 연습 4

목소리를 위한 긴장 완화

노래 부르기를 좋아한다면, 대화와 프레젠테이션하기 바로 전에 노래를 불러서 당신의 공명(共鳴)을 확장할 수 있고 폐를 마사지할 수 있다. 그러면 당신은 기분이 더 좋아지고 카리스마를 높일 수 있다.

근육 긴장 완화

짬을 이용해 사무실에서 근육의 긴장을 완화시키기

당신이 각각의 근육의 긴장을 완화시키려고 한다면, 가끔 다음과 같은 일이 생길 수 있다. 우선 근육을 지속적이고, 의식적으로 긴장시키고 완화시켜서 근육의 긴장 완화를 트릭으로 속일 수 있다. 이때 당신은 긴장 완화를 느끼게 된다.

앉아서 두 다리를 곧게 펴고 근육을 긴장시킨다. 그리고 발가락을 위로 당긴다. 약 5초 후에 다시 근육을 완화시키면 의식적으로 긴장 완화를 느낀다.

가슴 앞에서 양손바닥을 맞대고 서로 밀어낸다. 이때 당신은 가슴과 어깨 근육을 긴장시키게 된다. 그리고 몇 초 후에 긴장이 풀어지는 감각을 느낀다. 그리고 두 손을 꽉 잡은 채 팔을 서로 잡아당긴다. 이와 같은 밀고 당기기를 반복한다.

얼굴의 유연성 : 눈을 위로 치켜뜬다. 5초 후에 눈을 아래로 주시한다. 몇 번 반복한 다음 긴장 완화를 즐긴다.

클럽을 잡고 두 팔을 등 뒤로 하고 두 손으로 손잡이를 꽉 쥔다. 약 5초간 팔 근육을 긴장시킨다. 의식적으로 긴장 완화를 감지한다. 골프장에서 재빨리 연습할 수 있다.

■ 평일 계획에 긴장 완화 단계를 포함시킨다.

■ 공간적 변화와 더불어 필요한 작전 타임을 갖는다.

■ 평온한 음악은 긴장 완화에 도움이 된다.

■ 긴장 완화를 위한 아이디어를 찾아내고 사용한다.

■ 호흡과 목소리도 긴장을 완화시키는 데 도움이 된다.

■ 힘과 긴장으로 속도를 내는 것이 아니라, 근육의 긴장과 긴장 완화
의 조화로운 타이밍으로 속도를 낸다.

체크 리스트

출발과 종결
― 개인 훈련 계획

"완벽한 자는 어떠한 것도 적절하게 행할 수가 없다. 되고자 하는 자는 항상 감사하고 있을 것이다."

— 요한 볼프강 폰 괴테, 독일 시인

18홀을 다 마친 후 19번 째 홀이라고 할 수 있는 클럽 레스토랑에서 골퍼들은 형편없는 이야기와 과장된 성공담을 나눈다. 그러면서 마지막 라운드에 대해 깊은 생각에 잠긴다. 당신은 이 책의 마지막인 장에서 깊은 생각에 잠길 수 있다. 테크닉에 한정하지 않았기 때문에, 골프·경영·지도나 판매에서 더 성공할 수 있는 방법을 18개 홀에 걸쳐 배웠다. 그 가운데서 당신이 자극받은 것 몇 가지를 수용하고 재편성하기를 바란다.

배운 것을 제거하는 것을 배워야 한다

이전의 신조는 오늘날에는 더 이상 가치가 없다. 과거에는 끊임없는 반복 교육으로 점점 더 많은 것을 육성할 수 있는 기초를 마련할 수 있었다. 하지만 이전의 모든 발언과 행동 기술은 오늘날 더 이상 유효하지 않거나 심지어는 완전히 틀린 경우까지 있다. 따라서 새로운 지식을 수용하고 그 지식으로 새로운 행동 양식을 수용하기 위해 습득된 시대에 뒤떨어진 지식을 버려야만 한다.

오늘날 내면의 회의론자이고 비판자인 자아1의 단계에 여전히 많은 선생님과 트레이너들이 있다는 사실이 유감스럽다. 그런데도 불구하고, 자아1은 자아2에게 경기(생활)가 얼마나 어려운지 지속적으로 설득하고 있다. 마음속에 있는 시행자인 자아2는 경기가 아주 간단하고 자연스럽게 펼쳐질 수 있다는 것을 알고 있다. 우리 모두는 생각의 내면적 경기를 알지 못하는가? 비즈니스에서 새로운 기술이나 행동 양식을 사용하려고 할 때, 대부분 처음에는 자신이 없고 경직된다. 골프 경기에서도 마찬

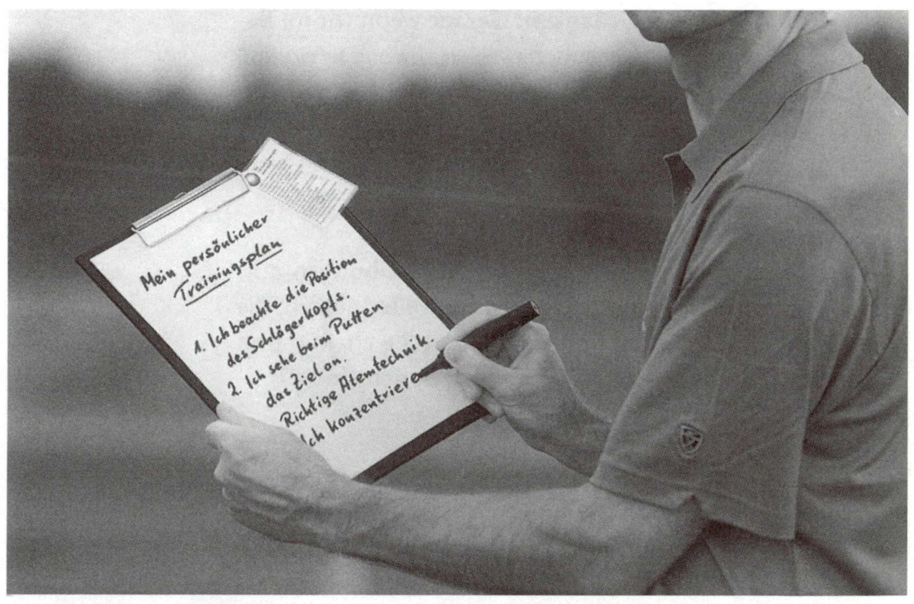

당신의 개인적인 훈련 계획은 가장 중요한 18홀 전략의 관점을 요약한 것이다. 훈련 계획을 정기적으로 점검하고, 경우에 따라 새롭고 명확하게 계획을 세운다.

가지다. 모든 생활 속에서 당신이 할 수 있는 방법은 3가지가 있다. 연습, 연습, 연습!

이제는 어떤가? 연습을 이용해 보자. 마음에 드는 연습을 계속 이용해도 된다. 다른 연습은 다른 사람들의 마음에 들었을 것이다. 효과적이고 능률적으로 연습하고 훈련하기 위해서 훈련 계획을 세우는 것이 진정한 가치가 있다.

체크 리스트

개인적인 훈련 계획을 세운다.

■ 18홀 전략의 개별적인 주제를 개인 훈련에 활용한다.

■ 항상 한두 개의 주제와 연습은 꼭 챙긴다.

■ 일정표를 작성한다.

■ 사무실에서 훈련해도 된다. 비즈니스와 골프는 서로 전용(轉用)을 한다 – 전용은 일방 통행이 아니라 서로가 역할을 다하는 것이다.

■ 간단한 메모를 훈련에 이용한다. 그래서 오늘 설정된 목표에 대한 자세한 정보와 개괄적 지식을 갖는다.

■ 당신이 숙달되어 있다면 라운딩을 할 때 매번 3개의 홀마다 또는 6개 홀마다 다른 관점에 초점을 맞출 수 있다.

■ 더구나 당신은 전체 라운드에서 매 홀마다 다른 초점으로 경기할 수도 있다.

골프 용어 설명

골프 연습장 Driving-Range 드라이브를 칠 수 있는 200야드가 넘는 실외 연습장. 여기에서 대부분 골프 수업이 이루어지고 있다.

골프 코스 Golf Course 골프 플레이를 하기 위해 만들어진 그라운드.

그레인 Grain 그린 위에서 자라는 잔디의 방향 또는 잔디결.

그린 Green 깃대와 홀컵이 있는 곳. 잔디를 짧게 깎고 잘 다듬어 놓은 퍼팅하는 지역. 경기 규칙에서는 플레이하는 홀에서 해저드를 제외하고 20야드 이내의 퍼팅을 하기 위해 잘 관리되어 있는 구역을 말함.

그린 재킷 Green jacket 우승자를 비유할 때 쓰는 말로, 마스터즈 대회의 우승자에게 녹색 상의를 입혀 주는 것에서 유래.

그린 키퍼 Green keeper 코스를 정비하는 사람.

그린 피 Green fee 골프장 입장 요금. 골프장 사용료.

그립 Grip 클럽의 끝 부분에 있는 손잡이 부분. 또는 클럽을 쥐는 동작.

깃대, 핀 Pin, Flag stick 홀컵에 꽂힌 깃대. 홀컵의 위치를 표시.

나쏘 Nassau 18홀 라운드를 인, 아웃, 전체의 3부분으로 나누어 매치 플레이를 하여 각각의 승자가 1점을 획득하는 내기 게임.

나인틴스 홀 Nineteenth hole 19번 홀. 실재하지 않는 홀로서 클럽 하우스의 바를 농담으로 하는 말이다.

네트 스코어 Net score 핸디캡 스트로크를 빼고 난 후의 홀, 또는 라운드에 대한 점수를 말한다.

니블릭 Niblick 9번 아이언.

니어 핀 Near pin 공이 핀(그린상의 깃대)에 가장 가까이 다가간 상태.

니커 보커 Knickerbocker　바지 자락을 무릎 밑에서 잡아 맨 골프용 바지의 일종. 1989년 미국 PGA 선수권 등 메이저 2승의 페인 스튜어트는 니커 보커 바지에 스타킹과 모자를 쓰는 복장이 트레이드 마크였다. 옛날에는 골프 슬랙스의 주류였으나 제2차 대전 후 그 모습이 사라졌지만 현재 부활하는 경향이 있다. 무릎 밑 4인치에서 잡아매는 플라스포가 보다 세련된 스타일로 인정 받고 있다.

다운 Down　지는 것을 말함. 플레이어가 상대방에게 지고 있는 홀 수 또는 스트로크 수. 매치 플레이일 경우에는 원 다운, 투 다운으로 세고, 스트로크인 경우에는 원 포인트 다운, 투 포인트 다운으로 센다.

드라이버 Driver　1번 우드라고도 한다. 최장 거리를 치기 위해 클럽 세트 중에 가장 길고 수직에 가까운 로프트의 페이스를 갖고 있으며 가장 파워가 센 클럽이다. 초보자에게는 적당하지 않다.

드라이브 Drive　1번 우드나 드라이브로 하는 티샷.

드로우 Draw　훅처럼 심하진 않으나 오른쪽에서 왼쪽으로 가볍게 휘는 샷.

딜레이드 히트 Delayed hit　레이트 히트와 동일한 말이다. 다운 스윙에서 임팩트까지의 클럽 헤드가 손보다 늦게 작동되게 치는 방식. 옳은 다운 스윙은 딜레이드 히트가 되는데 그러기 위해서는 다운 스윙 때의 왼쪽 뒤꿈치가 땅에 닿고, 양쪽 무릎 - 허리 - 양쪽 어깨의 순으로 되돌려 제대로 푸는 것이 중요하다. 골프 채가 느리게 내려온다는 것은 그만큼 힘이 모아진 것을 뜻하므로 임팩트에서의 폭발력이 더욱 높아진다.

라운드 Round　경기를 위하여 코스를 따라 도는 것.

래빗 Rabbit　초보 플레이어.

러프 Rough　그린 및 해저드를 제외한 코스 내의 페어웨이 이외의 지역인 풀이나 나무가 무성한 곳.

레이트 히트 Late hit　다운 스윙 때 클럽 헤드의 되돌아오는 동작을 늦춰서 순발력을 증가시키는 타법.

롱 게임 Long game 긴 아이언과 우드 클럽으로 치는 샷.

루키 Rookie 아마추어에서 프로로 전향하여 첫해를 맞는 프로 골퍼.

루틴 Routine 볼을 치기까지의 일련의 준비 과정. 확실하고 정확한 루틴을 유지하면 긴장된 상황에서 심리적 압박감을 효과적으로 극복할 수 있다.

리듬 Rhythm 전체적인 페이스나 템포 속에서 발생하는 스윙의 박자.

리커버리 샷 Recovery shot 실책을 한 뒤에 그 실책을 만회하기 위해 치는 샷.

립 아웃 Lip-out 볼이 컵 가장자리에는 닿았지만 들어가지 않는 것.

마커 Marker 스트로크 경기에서 선수의 스코어를 기록하는 사람. 볼을 집어들 때 볼의 위치를 표시하기 위해 쓰는 동전이나 표식.

백 Bag 골프 클럽을 담기 위한 가방.

백스윙 Backswing 클럽 헤드가 볼에서 떠난 지점부터 다시 아래로 내려오기 시작하는 지점까지의 스윙 부분. / 클럽을 뒤쪽으로 들어 올리는 동작.

백 스핀 Back spin 볼에 역회전이 생겨 볼을 떠오르게 하고 그린에서 딱 멈추게 하는 데 언더스핀이라고도 한다.

버디 Birdie 한 홀에서 파보다 1타수 적은 스코어. 플레이어가 한 홀에서 규정 타수보다 한 타 더 적은 스트로그로 공을 홀컵에 넣는 것을 지칭하는 말. 예) 파 4 홀에서 3타 만에 홀을 마쳤을 경우.

벙커 Bunker 주위보다 깊거나 표면의 흙을 노출시킨 지역 또는 모래로 되어 있는 장해물로 크로스 벙커, 사이드 벙커, 그린 벙커가 있음.

보기 Bogey 한 홀에서 파보다 1타수 많은 스코어. 플레이어가 한 홀에서 규정 타수보다 한 타 더 많은 스트로그로 공을 홀컵에 넣는 것을 지칭하는 말. 예) 파 4 홀에서 5타 만에 홀을 마쳤을 경우.

샌드웨지 Sand wedge　주로 벙커 샷에 쓰이는 아이언 클럽.

생크 Shank　샷을 할 때에 공이 클럽 샤프트의 뒷부분에 맞는 것으로, 실패한 타의 하나.

샤프트 Shaft　클럽의 헤드와 그립을 연결하는 막대기 부분.

샷 Shot　클럽으로 공을 치는 것.

셋업 Set up　볼을 치기 위해 자세를 잡는 어드레스 동작.

쇼트 게임 Short game　그린 위나 주위에서 하는 샷 플레이. 6번 이하의 아이언을 사용하는 어프로치에 속하는 단거리의 플레이 방법.

스윙 Swing　휘두르기.

스코어 Score　각 홀의 타수나 총 타수.

스크래핑 Sclaffing　공을 치기 전에 지면을 스치는 샷.

스트로크플레이 Stroke play　정해진 홀 수를 플레이해서 각 홀의 타수를 총 합계한 것 또는 총 타수에서 핸디캡이 있는 경우 그 수를 제하고 수가 가장 적은 사람이 승자가 되는 게임으로 메달 플레이라고도 함.

슬라이스 Slice　우타자(右打者)일 경우 공이 오른쪽으로 꺾여 전체적으로 비구선보다 오른쪽으로 심하게 휘는 공.

씬 Thin　공의 중심선 부분을 치는 것.

아이언 Irons　헤드 부분이 금속으로 되어 있는 클럽.

아웃 오브 바운드 Out of bounds = OB　플레이 금지 구역이며 대개 흰 말뚝으로 표시되어 있다. 아웃 오브 바운드란 코스의 경계를 넘어선 장소 또는 위원회가 그렇게 표시한 코스의 일부를 말한다.

※OB를 말뚝이나 울타리를 기준으로 표시할 경우 OB 선은 말뚝이나 울타리 (지주를 포함하지 않은) 기둥의 지면에 접한 가장 가까운 안쪽 점으로 결정된다. OB가 지상의 선으로 표시되었을 때는 선 자체가 OB다.

OB 선은 수직 상하로 연장된다. 볼 전체가 OB에 있을 때는 OB 볼이다. 플레이어는 코스 내에 있는 볼을 플레이하기 위하여 OB에 설 수 있다. 볼이 'OB'

구역에 들어갔을 때, 플레이어는 원래의 위치로 돌아와서 다른 볼을 가지고 플레이하는데 1벌타를 부여받는다.

페이드 Fade 슬라이스처럼 심하진 않지만 볼이 떨어지기 직전에 속도가 둔해지면서 오른쪽으로 휘는 볼.

알바트로스 Albatross 파보다 3타수 적은 수로 홀 인하는 것으로, 더블 이글이라고도 함.

올 스퀘어 All square 나지 않은 무승부. 동점이란 뜻.

야디지 Yardage 홀이나 코스의 거리를 야드 단위로 표시한 숫자.

어드레스 Address 서 있는 위치를 차지하고 클럽을 공 뒤에 놓는 샷 바로 직전의 상태다. 다만 해저드에서는 스탠스를 취했을 때가 '어드레스' 한 것이 된다.

어프로치 각도 Angle of approach 클럽 헤드가 공쪽으로 내려올 때의 각도.

어프로치 샷 Approach Shot 그린을 향하거나 그린 위로 올리는 샷 또는 페어웨이에서 그린으로 친 샷.

언더 클럽 Under club 필요로 하는 클럽보다 하위 클럽(짧은 클럽)을 사용하는 것. 예를 들면 3번 아이언을 필요로 할 때 3번을 사용하는 것.

언플레이어블 Unplayable 공을 치기 불가능한 지역에 들어간 경우나, 플레이를 하기 힘든 상태에 놓였을 때 선언을 하고 규정에 따라 경기를 속개할 수 있는 상황.

업 Up 홀 수 또는 이긴 횟수가 상대보다 많을 때에 원 업, 투 업 등으로 부른다. 이기거나 우위가 되었을 때를 말함.

에이스 Ace 한 번의 스트로크로 한 홀을 마치는 것으로 홀인원이라고도 함.

에이프런 Apron 그린의 가장자리를 두르는 잔디로, 그린의 잔디보다 더 길지만 페어웨이의 잔디보다는 짧다.

에티켓 Etiquette 골프를 하는 동안 지켜야 할 예절.

오너 Honor 티 그라운드에서 제일 먼저 볼을 칠 권리로 이전 홀에서 가장 좋은 성적을 기록한 사람에게 주어짐.

오버 클럽 Over club 볼을 너무 멀리 치게 될 클럽을 사용하는 것.

오픈 게임 Open game 아마추어와 프로가 한꺼번에 라운드하는 경기.

우드 Woods(Wooden Club) 목재나 금속으로 만들어진 큰 헤드를 가진 클럽. 먼 거리를 위해서 사용된다.

웨글 Waggle 클럽에 탄력을 붙이는 동작. 백스윙을 시작하기 전에 손목만으로 가볍게 클럽을 흔들어 굳어 있는 부분을 부드럽게 하는 동작을 말한다.

웨지 Wedge 클럽 페이스가 넓고 로프트가 크며 솔이 넓어 볼의 역회전과 띄우기가 용이하게 설계된 어프로치용 아이언.

워터 해저드 Water hazard 코스 안에 걸쳐 있는 호수, 연못, 습지, 강 등의 장애물.

이글 Eagle 한 홀에서 파보다 2타수 적은 스코어.

입스 Yips 숏 퍼팅 시 손이나 손목의 근육에 영향을 주는 불안정한 컨디션.

저크 Jerk 타격을 위한 적절한 순간과 호흡의 불안정으로 급한 스윙을 함으로써 올바르게 공을 보내지 못하는 것을 말한다.

지거 Jigger 어프로치용으로 양면을 사용할 수 있게 생긴 클럽의 종류.

칩 Chip 그린 위로 치는 비교적 낮은 궤도를 그리는 짧은 어프로치 샷이며 공은 오래 굴러간다.

캐디 Caddy 플레이어의 보조원으로 캐디의 조언은 받아도 됨.

캐리 Carry 볼의 원래 위치와 날아가서 떨어진 지점간의 거리.

코스 Course 경기가 허용되는 모든 지역을 말하며 스루더그린, 해저드, 티잉 그라운드, 퍼팅 그린 등. 코스는 퍼블릭 코스(Public Course), 컨트리 클럽 멤버십 코스(Country Club Membership Course), 세미 퍼블릭 코스(Semi-public Course) 등이 있다.

클럽 Club 공을 치기 위한 도구, 골프 코스.

클럽 페이스 Club face 클럽 헤드의 볼을 치는 타구면(打球面)을 말한다.

클럽 헤드 Club head 클럽의 타구면과 바닥면을 포함한 부분.

ㅌ

타이 Tie 동점. 경기에서는 최소 타수의 사람이 2인 이상이 있을 때 타이라 한다.

탑트 샷 Topped Shot 볼의 상반부나 그 위를 타격하는 샷. 낮은 탄도의 샷으로 탑 스핀(top spin) 양이 많다.

테이크어웨이 Take away 클럽을 뒤로 빼는 시작 동작. 백스윙의 앞부분.

테이크 잇 Take it 그린에서 원 퍼팅이 확실할 때 퍼팅을 하지 않고 홀 인한 것으로 인정하거나 동의하는 것.

티 Tee 드라이버 샷을 하기 위해 볼을 올려놓는 나무못 또는 한 홀을 시작하는 지역으로 티 박스 또는 티 그라운드라고도 함. 티에는 레귤러 티(Regular tee), 레이디스 티(Laddies tee), 백 티(Back tee) 등이 있다.

티샷 Tee shot 각 홀의 첫 타를 치기 위해 정지(整地)된 지역인 티 그라운드(Tee ground)에서 볼을 치는 것.

티업 Tee up 공을 치기 위해 티에 공을 놓는 것. 티잉이라고도 한다.

ㅍ

파 Par 티 그라운드를 출발하여 홀을 마치기까지 각 홀의 정해진 기준 타수로 거리에 따라 파5(롱 홀), 파4(미들 홀), 파3(숏 홀)로 구별된다.

파트너 Partner 동반자.

팔로우 스루 스윙 Follow-through-swing 타구 때 클럽 헤드의 움직임이 정지되지 않고 비구선(飛球線)을 따라 스윙되는 것.

페어웨이 Fairway 티 그라운드와 그린 사이의 잔디가 짧게 깎인 지역.

팻 Fat 공의 앞에 있는 지면을 치는 것.

피니시 Finish 스윙의 마감 자세 또는 경기를 정상적으로 끝내는 것.

포어 Fore 타구에 앞 조 사람들이 맞을 염려가 있을 때 주의를 주기 위해 외치는 소리. 한국에서는 '볼' 이라고 큰소리로 외친다.

퍼터 Putter 단거리 퍼팅 전용 클럽으로 헤드 모양에 따라 T, D, L형으로 부르기도 함.

퍼트 Putt 그린에서 퍼터로 공을 홀컵에 넣기 위해 스트로크하는 것.

퍼팅 그린 Putting green 퍼트 연습을 위해서 매우 짧게 깎은 산니밭.

프로 Pro, Professional　직업적으로 플레이하거나 가르치는 골퍼.

프로 숍 Pro shop　클럽 하우스에 있는, 골프 장비를 파는 가게. 그 밖에도 입장료를 받고 순서를 결정해 주기도 한다.

피치 Pitch　쇼트 어프로치의 기술로서 아이언 클럽으로 백스핀을 걸어 볼을 높이 쳐 올려 그린 위의 목표 지점에 떨어진 후 정지하도록 치는 타법.

해저드 Hazard　모래 웅덩이, 연못과 같이 경기의 원활한 진행을 어렵게 만드는 코스 내의 장애물.

핸디캡 Handicap　플레이어의 역량을 균등하게 하기 위해 기준 타수를 기준으로 하여 각자의 기량에 따라 차이를 정하는 것이다. 대개 1개월간 3~5장의 카드를 핸디캡 위원에게 제출하면 위원이 이것을 결정한다. 줄여서 핸디라고 한다. 오피셜(Official)과 프라이비트(Private)가 있다.

홀 Hole　그린에 만들어진 볼을 넣는 구멍을 말하며, 깃대가 꽂혀 있고, 18개의 단위 코스를 의미하기도 한다.

홀인원 Hole-in-one　티 그라운드에서 1타로 볼이 홀컵에 들어가는 것.

훅 Hook　시계 반대 방향으로 도는 볼의 회전으로 오른쪽에서 왼쪽으로 휘어지는 구질을 말한다.

힐 Heel　어드레스 자세에서는 선수의 발뒤꿈치를 말하며, 클럽 헤드에서는 샤프트와 연결된 뒷부분을 말한다.